超・実践！

事業を創出・構築・加速させる

グランドデザイン大全

The Complete Works of Grand Design

キュレーションズ株式会社
取締役 CSMO
エグゼクティブ・ストラテジー・デザイナー
Hiroyuki "Pinky" Arai
荒井 宏之

イースト・プレス

はじめに

新規事業を生み出せる「グランドデザイン思考」とは？

　私は、真に取り組むべき新規事業とは、「顧客が想像できないような未来を創造すること」だと考えています。しかし、多くの企業は、顧客ニーズを調査して商品やサービスを開発してしまいます。

　もちろん、顧客ニーズは参考にすべきですが、それを鵜呑みにすると、人々の生活が一変するような本質的なイノベーションには至らないことがあります。その理由は明白で、顧客自身も未来のことはわからないからです。

　ヘンリー・フォードは、「もし顧客に、彼ら彼女らの望むものを聞いていたら、彼ら彼女らは『もっと速い馬が欲しい』と答えていただろう」という言葉を残しています。当時の移動手段は馬車であり、顧客自身に聞いていたら、既存の延長線上のアイデアで止まっていたということです。理想の未来から逆算したからこそ、顧客自身もまったく想像できなかった「自動車」という当時としては最速の移動手段を誕生させられたのです。

　フォードは、まさに本書で紹介する「グランドデザイン思考」の持ち主でした。グランドデザイン思考とは「来るべき理想の未来を描き、そこに近づける思考」です。それに対して、従来の新規事業は、顧客ニーズの積み上げで発想するため、革新的なアイデアが生まれにくい点がデメリットでした。グランドデザイン思考を活用することで、既存の延長では思いつかない、人々の生活を激変させる事業を生むことができるのです。

　私は数々の新規事業を立ち上げてきた経験から、誰しもが陥る落とし穴を避け、未来を見据え、顧客に向き合い、提供価値をデザインするプロセスを確立しました。本書では、理想の未来に至るためのイノベーションにおいて、失敗確率を下げ、成功確率を上げるためのアプローチを紹介しています。

　本書では、理想の未来から逆算して新規事業を創る思考プロセス「グランドデザイン思考」を丁寧に紹介していきます。

本書では新規事業を大きく下記の5つのステップに分けています。

STEP 1 　　PREPARATION 準備
STEP 2 　　INSPIRATION 着想
STEP 3 　　INCUBATION 創業
STEP 4 　　FORMULATION 公式化
STEP 5 　　ACCELERATION 加速

　まず、STEP 1では、新規事業を考える前のマインドセットや知識を身につけることが必要です。それから、新規プロジェクトのデザインを考えていきます。
　次に、STEP 2では、1人の顧客像を設定して、その顧客の困りごとやニーズを徹底的に理解し、「こんなものがあったらどうだろう」と、自由に妄想します。そして、その妄想から得た着想をもとに事業コンセプトを明確にしていきます。
　STEP 3では、ターゲット顧客のインサイトから提供価値を決めていきます。そして、実際にプロトタイプ（試作）を作り、具体的に商品やサービスの仕様を定めていきます。この際、ビジョンを実現化するための成長戦略をあらかじめ描いておくのがポイントです。
　STEP 4では、これまで得られた仮説検証の結果を1つ1つの方程式（ビジネススキーム）に落とし込んでいきます。そして、商品を実際に顧客に使ってもらうことで、品質を高めていきます。実際に商品を販売し、事業サイクルを回していき、さらにより良いビジネススキームを追求して最適化を繰り返します。
　最後のSTEP 5では、新規事業の横展開や多角化を行い、ある狭い範囲で最適化されたビジネススキームを拡大させていきます。

　以上、簡単ですが新規事業を成長させる5ステップを紹介しました。この5ステップをしっかりと踏んでいくことで、新規事業の成功確率は大きく高まります。
　本書は、様々な企業の様々な新規事業やスタートアップに事業伴走してきた15年の実践知を、汎用性を高めて形式知化した1冊です。
　昨今、事業創出に関する解説書は多く出ていますが、本書ではコンサルの掲げる理想論やフレームワーク、キャッチーで無謀なKPIではなく、徹底的に実践にこだわっています。事業創

出のために「どんな行動をとるべき」なのかを、徹底的に分解して1冊の本にまとめました。

本書を読めば新規事業が創れるようになると約束することは難しいのですが、少なくともこれから登ろうとする高い山の頂に向けて、地図を描く一助にはなれると考えています。新規事業に挑む際には多くの場合地図すらありません。まず地図を描くことが行動を促すことにつながるからです。

一方で、地図なしで行動すると、無駄な行動が増え、次に何をすべきかわからずに立ち尽くしてしまうことがよくあります。

例えば、イノベーションには顧客インタビューを徹底的に行うことが重要と言われていますが、地図がなければ200回、300回とインタビューを繰り返してもなお、インサイトに辿り着けなくなるということが起こり得ます。

しかし、顧客インタビューというものはシンプルに5回聞いてインサイトに辿り着けなければ、初期仮説をピボットさせるべきなのです。

このように、**行動指針としての地図があれば、無駄な活動を省き、すべきことに集中して新規事業創出に取り組めるようになります。**

その地図が正しいか間違っているかにかかわらず、まず地図を描く。仮に地図が間違っていたとしても、地図があることで行動できれば、その地図を書き直すという立派な次のアクションが判断できるはずです。

本書ではその地図を「グランドデザイン」と呼んでいます。本書を活用いただくことでみなさまが高い頂に挑む地図を描く一助となり、事業創出の無駄を省いて、本質的なカスタマー・サクセス、カスタマー・ハピネスに徹底的にフォーカスできるようになることを願っています。

そして多くの人が「イノベーション・リテラシー」を身につけ、日本再興を成す日が来ることを心待ちにしています。ぜひ、グランドデザインの1ページを描くために本書を活用してください。

今こそ日本にはイノベーションが必要である

高度経済成長の終わりから続いた失われた30年。ITバブルの崩壊、リーマンショック、チャイナショック、新型コロナウイルスの流行などによる景気後退が繰り返されました。アフターデジタル（インターネット、スマートフォン、AI）による社会や顧客行動の激変も起こりました。

はじめに

　いまや日本は世界の変化についていけなくなり、取り残され、飲み込まれています。もはや、日本の復活はあり得ないのでしょうか？

　私はそうは思いません。「ピンチはチャンス」と言われるように、今の状況は日本再興のチャンスだと考えています。

　確かに、アフターデジタルで社会が一変したのは事実でしょう。もともと歴史を紐解いてみれば、日本人はルールを作るのが苦手な民族です。逆に、ルールを作るのが得意なのは欧米系のアングロサクソン諸国です。そして、このデジタル社会においても彼ら彼女らが新しいルールを作ってきました。

　しかし、一度ルールが定まるとそのルールの中で最大限の力を発揮するのが日本人です。アフターデジタルのルールが定まった今、価値を最大化できるのが日本人であり、これから主戦場で活躍するはずです。

　現在、世界のVC（ベンチャーキャピタル）が日本に注目している事実はご存じでしょうか？ いくら日本が世界から取り残されたとはいえ、いまだに内需の大きい経済大国です。これまで、世界のスタートアップは基本的には、北米で始まり、欧州、東南アジアへと進出していき、日本は見向きもされない状況でした。

　しかし、今回の円安がチャンスになり、世界ではアジアの拠点としての日本が見直されつつあります。

　同時に、世界のＶＣは日本の技術力に対し、改めて注目を寄せています。日本は高度経済成長を経て、信頼のジャパン・ブランドを築き上げました。失われた30年の間に、日本と同じように粗悪なコピー品から始まった中国は相当の力をつけましたが、チャイナ・ブランドは形成されませんでした。この僅かではありますが、大きな違いにこそ、まだチャンスが残されています。

　そして、成熟事業を持つ企業こそ、このチャンスを掴むことができるのだと確信しています。もちろん、スタートアップや中小企業は、スタートアップ・エコシステム全体として日本再興を志して様々な形で取り組みを進めています。

　しかし、その取り組みが日本経済の復活にまで繋がるかというと大きな壁が存在します。それは日本の株式マーケットの規模が小さすぎるからです。株式時価総額で比較すると、日本はアメリカの約1/20です。それは上場時の株価にそれだけ差が出るということでもあり、日本のスタートアップが1億円の調達に四苦八苦しているときに、アメリカのスタートアップは数

十億円から100億円といった投資を現に受けているのです。また、国策で新たなマーケットの創出を狙う中国も、アメリカと同様の投資環境にあり、今後人口増加と技術発展が著しいインドやインドネシア、さらにはアフリカの市場も伸びていくことでしょう。

　私は能力的に日本人が勝てないとは思いません。しかし、残念ながら日本という場所でスタートアップを立ち上げても、世界市場で活躍する成長には繋がらないのが現状です。スタートアップが世界を獲るためには、最初から北米で創業すべきです。

　かたや、日本の大企業はすでに世界に出ています。先人たちが製品を片手にまさに未知の世界で販路を「開拓」してきており、今や海外売上比率が50%を超える企業が数多く存在しています。日本国内で新たに立ち上げた新規事業も、経営がアクセルを踏む判断をすれば、即座に海外展開が可能です。

　また、自社で「研究施設」を持ち、独自の技術開発に取り組んできました。既存事業によって大きな売り上げを創出しているからこそ、売り上げに直結しない基礎研究や応用研究に力を入れてきました。そこにこそ、まだまだ世に出ていない面白いテクノロジーが大企業には多く眠っているのです。世界のVCはそこに目をつけています。しかし、世界のVCの現在の悩みは、そのテクノロジーにリーチする手段がないことです。

　大企業の課題は自分たちに世界で認められるアセットがあることに気づいていないことです。日本と日本の企業には、今大きなチャンスが巡ってきています。その波に乗るためにこそ「イノベーションのリテラシーを身につける」ことが必要なのです。

　今、日本の企業は、「チャンスをチャンスと捉えられるか?」「チャンスを掴むための行動ができるか?」「チャンスを活かす情報や人脈を手にすることができるか?」「執念を持って成功まで取り組み続けることができるか?」が問われています。

　大企業人材は時代の変化の波を乗りこなすために、新規事業・既存事業に関係なくイノベーションのリテラシーを身につけるべきです。本書は、実践に徹底的にこだわることで、まず一歩を踏み出し、イノベーションのリテラシーが身につくような構成にしました。

━━　イノベーションに大切なマインドは「失敗経験こそ価値がある」

　申し遅れましたが、私はキュレーションズ株式会社の取締役の荒井宏之(あらい・ひろゆき)

はじめに

です。現在同社にて、エグゼクティブ・ストラテジー・デザイナーを担当しています。ストラテジー・デザイナーとは、クライアント企業の新規事業を創出するための経営戦略を立案するお手伝いをさせていただいています。

私は、大学時代からITエンジニアやアクセス解析アナリストとして活動し、卒業後はIT会社にてIT領域の技術、潮流をベースとした中堅大手企業向けの新規事業コンサルタントの業務に従事しました。

その後、グリー株式会社など複数のメガベンチャーで新規事業立ち上げに参画。さらには複数のスタートアップでCEO、CSO、COOなど様々な実務を経験し、スタートアップの経営戦略やマーケティング戦略の立案と大手企業の新規事業戦略の立案をサポートする企業を創業しました。その後2019年8月、キュレーションズ株式会社に参画し、現職に至ります。

創業直後のスタートアップからメガベンチャーまで規模は大小様々な企業の様々な新規事業に携わってきました。化粧品、食品、健康食品、飲食店サポート、SNS、ゲーム、アニメ、マンガ、占い、ファッション、ニュースサイトなど、幅広い事業領域で新規事業の創出に取り組んだ経験があります。自身の起業や事業売却も経験していますが、それよりも事業オーナーが別にいる中で、新たに事業を創出するという経験を多く積み重ねてきました。

しかし、20件超もの新規事業に取り組みながらも、誇れるような成功はほとんど生み出せませんでした。もちろん、その陰には世の中に出ていない、さらに多くのアイデアがあります。

そんな失敗ばかりだった私が様々な新規事業をサポートする立場で仕事をするようになったターニングポイントは、その経験を大企業に語って欲しいというセミナーの依頼があったことでした。そこで多くの感謝の声をいただくことになったのです。

当時、誇れる成功を生み出すことができず、自信を失いかけていた私は、「失敗経験こそ価値がある」ということに気づかされました。優秀なプレイヤーになれなかった私は、事業創出のコーチとしての道を歩むことになっていくのです。

本書では、これまで私が関わった多くの事業のわずかな成功と数多くの失敗の経験をもとに、読者のみなさまに新規事業創出の実践プロセスについてお伝えします。

荒井 宏之

イノベーションプロセスを俯瞰してみよう

　この図は「グランドデザインマップ」と呼ばれ、社内新規事業の全体像を表す地図です。この地図を手に、新規事業の一連のプロセスを俯瞰してイノベーションに取り組んでください。「プロジェクトが停滞している」「プロセスを飛ばして行きすぎた」など、今自分がどこを走っているのか迷うことがなくなります。いわば、目指すゴールまでの道のりが明確になる「新規事業のすごろく」です。

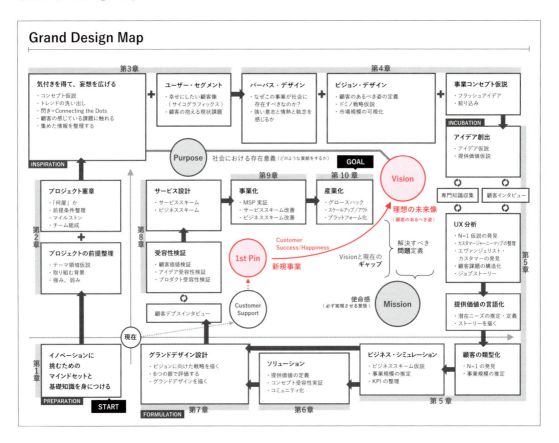

本書は、このグランドデザインマップを軸に構成されています。

第1章では、イノベーションに関する基礎知識と行動原則について解説しました。

第2章では、目指しているビジネスゴールを設定します。事業そのもののビジョンよりも、会社や個人としてのビジョンを明確にします。

第3章では、目指すべき未来を定義するための情報収集をします。

第4章では、第3章で作った抽象コンセプトをベースに、「こういう未来を目指すべきだ」という明確なコンセプトを構築します。そして、企業の存在理由であるパーパス、顧客がどういう未来に辿り着くのかというビジョンを明確にしていきます。

第5章では、目指すべき未来に対するコンセプトを実現するためのアイデアを徹底的に抽出。

第6章では、「こういったサービスを形にすれば、このビジョンに向かう」という道筋を決めます。

第7章では、PoC（プルーフ・オブ・コンセプト）検証を行います。これは、実際にサービスや商品を説明書にして、顧客に渡してヒアリングし、顧客価値を確認します。

第8章では、どの改善点を修正すれば、購買に繋がるのかを検証します。この時点で、実証実験用の製品（ベータ版）を作ります。

第9章では、実際に作った製品、MVP（最小限なプロダクト）を顧客に触ってもらいます。デプスインタビューで深くヒアリングしながら、お金を払った場合の満足度について聴取し、改善に改善を重ねます。

第10章は、マーケティング戦略に基づき事業化し、事業内容やビジネスモデルによって百社百様に拡張させていきます。

CONTENTS

はじめに ——————————————————————— 002
イノベーションプロセスを俯瞰してみよう ————————————— 008

第1章 PREPARATION 準備
マインドセットと基礎知識習得 〜社内新規事業はマインドセットから始まる〜

❶ イノベーションのための基礎的マインドセット
- 1-1 「アンラーニングとリスキリング」の必要性を理解する ————— 016
- 1-2 学びを受け入れるために必要な「素直さ」————————— 019
- 1-3 学びを継続させるための「実践」「継続」———————— 022

❷ 「イノベーションマインド」を理解する
- 1-4 「既成概念」をぶち壊す ———————————————— 024
- 1-5 「決断」がイノベーションを推進する —————————— 026
- 1-6 社内外から協力を得る「巻き込み力」——————————— 028
- 1-7 「巻き込み力」を発揮するには５つの力が必要 —————— 030

❸ イノベーションの行動原理を理解する
- 1-8 ときにはブルドーザーのように強力に推進するからこそ、対話を重視する ——— 033
- 1-9 とにかくやってみる。走りながら考える ————————— 035
- 1-10 解像度を徹底的に高める ——————————————— 037
- 1-11 判断基準は常にビジョンに置く ————————————— 040

第2章 プロジェクトを設計する 〜新規プロジェクトの設計方法〜

❶ 新規プロジェクトの設計方法
- 2-1 テーマ領域仮説を決める ——————————————— 044
- 2-2 なぜ新規事業に取り組むのか？ ————————————— 047
- 2-3 強み、弱みを理解する ———————————————— 048

010

2 ビジョン　～目指すべき未来～
- **2-4** 自分たちは「何屋」なのか？ ———— 050
- **2-5** プロジェクトの前提条件を整理する ———— 053

第3章 INSPIRATION 着想　気づきを得て妄想を広げる

❶ 1人の顧客像から事業テーマを絞り込む
- **3-1** 軸となるコンセプトを設定する ———— 058
- **3-2** 世の中の変化をリサーチし、テーマ領域を仮決めする ———— 059

❷ 顧客の情報を整理する
- **3-3** 顧客の感じている課題に触れる ———— 064
- **3-4** 集めた情報を整理すると、コネクティング・ザ・ドッツが加速する ———— 068
- **3-5** 幸せにしたい顧客を定義する ———— 070
- **3-6** 顧客の未来がどう幸せになるかを妄想する ———— 073
- **3-7** 顧客の「問題」を定義し、改めて達成する課題を設定する ———— 075

第4章 コンセプトを描き、アイデアを創出する

❶ コンセプトが企業の成長エンジンとなる
- **4-1** 妄想を「事業コンセプト」に変える ———— 078
- **4-2** ビジョンを明確に設定する ———— 080
- **4-3** 事業コンセプトが見つかる ———— 082

❷ コンセプトを戦略に落とし込む
- **4-4** MVPマップを作る ———— 084
- **4-5** ドミノ戦略 ———— 087
- **4-6** 市場規模を可視化する ———— 089
- **4-7** フラッシュアイデアを大量に出す ———— 091
- **4-8** アイデアを絞り込む ———— 093

INCUBATION 創業

第5章 N1インサイトと提供価値仮説をブラッシュアップする

❶ コンセプトに共感する顧客（N＝1）の明確化

- **5-1** コンセプトに共感する"たった1人"の顧客を見つける ──── 096
- **5-2** N＝1候補を発見するために、まずは顧客の現状を把握する ──── 099

❷ 潜在ニーズを「推察」し「定義」する

- **5-3** 顧客へのデプスインタビューの流れとポイント ──── 101
- **5-4** デプスインタビューの流れとポイント ──── 103
- **5-5** 顧客の現状を整理する ──── 108
- **5-6** 理想の行動をしている顧客 ──── 109
- **5-7** 顧客の課題を構造化する ──── 111
- **5-8** 「ジョブ・ストーリー」を描き、インサイトを抽出する ──── 112
- **5-9** 提供価値を言語化し、ストーリーを描く ──── 114
- **5-10** N＝1から事業規模を推定する ──── 117

第6章 「ソリューション」を明確化する

❶ コミュニティによる検証からサービス化した事例

- **6-1** プロダクトやサービスへの形へと具現化する ──── 122
- **6-2** 仮説検証方法の選択肢を知る ──── 126
- **6-3** 「チラシ」でコンセプトの受容性を検証する ──── 128
- **6-4** インタビュー対象者をコミュニティ化する ──── 131
- **6-5** 顧客体験をデザインする ──── 133

❷ コミュニティによる検証からサービス化した事例

- **6-6** Sony「BeautyExplorer™」 ──── 135

CONTENTS

第7章 FORMURATION 公式化 ビジョン実現の成長戦略を描く

❶ ビジョンへのストーリーを構築する
- 7-1 ビジョンへの実現に向けた戦略を描く ……………………… 138
- 7-2 事業を評価する6つの眼 ……………………………………… 141
- 7-3 売上は「ミルフィーユ型」でシミュレーションする ……… 144
- 7-4 新規事業の成長はミニマムスタート ………………………… 146
- 7-5 グランドデザインを描く ……………………………………… 148

❷ 成長戦略の事例
- 7-6 Amazon/Apple/LINE …………………………………………… 151

第8章 反復して商品を磨き続ける ～繰り返し使うことで商品を最適化する～

❶ 繰り返し使うことで商品を最適化する
- 8-1 商品を使ってもらいながら磨く ……………………………… 158
- 8-2 荒削りで良いからリリースする ……………………………… 160

❷ 新規事業の仮説検証
- 8-3 Fail Fast, Learn a Lot. ………………………………………… 162
- 8-4 エフェクチュエーションを意識する ………………………… 164
- 8-5 テストマーケティングで注意すべきポイント ……………… 166
- 8-6 マネタイズポイントの設定 …………………………………… 168

CONTENTS

第9章 ACCELERATION 加速
反復してビジネスモデルを磨き続ける

❶ 事業を本格的にリリースするための準備
- 9-1 お金を払って満足してもらえるか —— 172
- 9-2 プライシング仮説の検証 —— 175

❷ 仮説検証を実施する
- 9-3 仮説検証の手段を正しく選択する —— 177
- 9-4 仮説検証の手段の選択におけるアンチパターン —— 179
- 9-5 プロモーション戦略を考える —— 182
- 9-6 ユニットエコノミクスを検証する —— 183
- 9-7 CACは「コンセプトへの共感度」、LTVは「顧客の満足度」を表す —— 184
- 9-8 検証結果から事業計画を策定し、撤退基準を設定する —— 186

第10章 新しい産業を創出する

❶ 事業の水平展開でビジネスが一気に飛躍する
- 10-1 事業を成長させるための「グロースハック」 —— 190
- 10-2 BML Loop という考え方 —— 193

❷ 事業の構造を理解する
- 10-3 AARRR モデル —— 195
- 10-4 ファネル分析 —— 197
- 10-5 コホート分析 —— 199

❸ ビジネスの機能をさらに強化し、規模を大きくする
- 10-6 社会貢献するためにスケールアップ・スケールアウトする —— 201
- 10-7 事業の収益性をさらに向上させるスケールメリット —— 203
- 10-8 グランドデザインの実現とプラットフォーム化 —— 205

おわりに —— 208

PREPARATION

準備

マインドセットと
基礎知識習得

〜社内新規事業はマインドセットから始まる〜

第 1 章

1 イノベーションのための基礎的マインドセット

1-1 「アンラーニングとリスキリング」の必要性を理解する

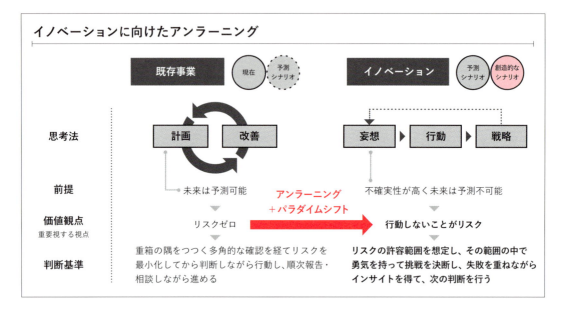

　来月からは、いよいよ、社内新規事業のキックオフ！　情報収集する、専門家の話を聞く、アイデアを考える……やらなければならないことは山積みです。そんなとき、あなたならどんな一歩を踏み出しますか？　"はじめの一歩"は「アンラーニングとリスキリング」をおすすめします。アンラーニングは「学びほぐし」の意味で、これまでの学習によって得られた自身の価値観や認識を取捨選択すること。リスキリングは「学び直し」の意味で、新たなスキルを獲得することです。

　ここでまず、「既存事業」と「新規事業」の違いについて考えてみましょう。既存事業は、過去の延長線上の未来を予測し、その予測した未来に対してシナリオ（計画）を立てた上で、業務を執り行います。一方で、新規事業は、過去の延長線上にはない、ジャンプアップした未来を創造する仕事です。言い換えると、「未来が予測可能である」という前提に立っているのが既存事業。一方で、

新規事業はその逆で「**未来は予測不可能で、かつ不確実である**」という前提に立って、未来を創りあげます。

　また、リスクへの向き合い方も、既存事業と新規事業で異なります。既存事業では、予測した未来に辿り着くために、計画通りに遂行することを重要視しており、リスクを冒さないことが行動原理となります。既存事業の管理職や上司の中には、よく重箱の隅をつつくように粗さがしをする人がいますが、リスクを最小にしてからでしか行動を起こせない「石橋を叩いて渡る」思考は、既存事業の行動原理に基づいているからです。これは決してネガティブなことではありません。方程式が見えている既存事業では、KPIによって分割された縦割り組織でのマネジメントによる部分最適の集合体として、大きな売り上げを創出しており、既存事業においては最適な行動原理なのです。

　それに対して、**イノベーションを伴う新規事業では「行動しないこと自体」がリスクになります**。新規事業やイノベーションは、石橋を渡ってみてから「その橋どうだった？」と後から検証する行動原理が重要となります。新規事業は、既存事業とその行動原理が異なるので、パラダイムシフト（思考の転換）が必要不可欠です。

　また、既存事業では、事業の全体像を描いてからマネジメントする業務は多くありません。都市計画を考えて街づくりをするような超長期のプロジェクトなど、限定的な場面でしか使われることはありません。多くの既存事業では、営業職、マーケティング職、研究職など機能によって組織が縦割りに分かれているため、限られた範囲でのプロジェクト・マネジメントの経験をしたことはあっても、自分が担当している仕事の全体像を理解して、プロジェクトをデザインした経験のある方はほとんどいません。事業の全体像を理解したプロジェクトデザイン、マネジメントのスキルが身についている人があまりに少ないのが現状なのです。

　誰も見たことがない未来を創るのが新規事業であり、イノベーションです。そのため「こういう未来に至るべきだ」というグランドデザインをいわば独自の視点で定義しなければなりません。

iPhoneが発売される前には誰も「スマートフォンが欲しい」とは思っていませんでした。スティーブ・ジョブズは、スマートフォンのある世界を想像し、カスタマーサクセスをイメージし、顧客行動をデザインしました。単に商品を作ったのではなく、新たな顧客体験が未来を創ることに繋がるという確信を持ってグランドデザインを描いたからこそ、iPhoneが生まれたのです。

　誰も見たことのない未来を創るのですから、その未来が確実に訪れるというエビデンスはどこにもありません。だからこそ、**自分たちの業務にとらわれることなく、幅広いトレンドや知識によって未来を描く必要があります**。「メタバース」「生成AI（チャットGPT）」「VTuber」など、新しいトレンドが出たら、そこでどんな顧客行動の変化が起きるのか・起きているのかを調べ、体験し、想像し、どんなサービス・スキーム、ビジネス・スキームがそれに至らせているのかを分析する。その思考トレーニングの量が多ければ多いほど、グランドデザインを描けるセンスが身についていきます。

　既存事業と新規事業は、まったく異なるスポーツのようなものだと捉えてください。その上で、新規事業でイノベーションを起こすためのポータブルスキルとテクニカルスキルを身につけることを意識しましょう。

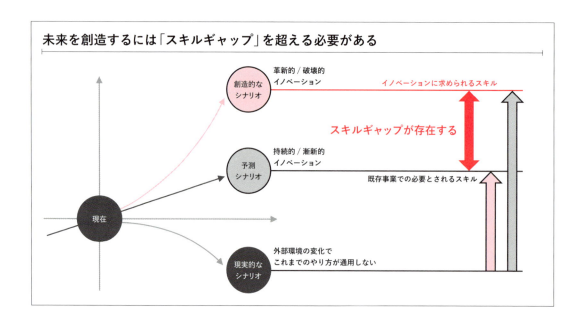

1-2 学びを受け入れるために必要な「素直さ」

守破離

千利休
(戦国〜安土桃山時代の茶人)

規矩作法　守りつくして　破るとも　離るるとても　本を忘るな

教えはいつしか打ち破り、離れることが大切だが、基本を忘れてはならない

守	破	離
無知の者が師匠の「型」を忠実に守り、再現する	「型」に自分なりの改良を加え模索する	「型」から離れ独自の方法を編み出す
・指導者から多くの話を聞き、その行動を見習い、基本の型にのっとり、反復練習を行う ・指導者の価値観を自分のものにしていく ・すべてを習得できたと感じるまでは、指導の通りに行動する	・教わった基礎の上に、自分なりの改良を加え、新しい方法を試す ・自分に合う再現性のある「仕組み化」をする	・指導者のもとから離れて、自分自身で学んだ内容を発展させる ・新しいスタイルを確立させる
成長を10段階とすると型をしっかり理解すれば5までは効率的に学べる	成長を10段階とすると型の改良で7〜8まではいける	成長を10段階とすると最後の9から10は、アートの領域

　イノベーションを起こすためには「素直さ」は重要なファクターです。これまでの経験や知識とは異なるものを身につけ、パラダイムシフトするのですから、うがった見方や斜に構えている人よりも、型を習ったときに素直に実行できる人の方が成長することができます。

　イノベーションは、先人が様々な取り組みをしてきた結果として、挑戦の「型」が一定程度確立されています。イノベーションにこれから挑む多くの方、特に本書を手にした方は、イノベーションの経験が少なく型を知らないことでしょう。まず持つべきマインドセットとしては、この型を言われるがままに実践してみる、という素直さは欠かせません。

　本書では、私がこれまで新規事業の立ち上げや多くの事業をサポートしてきた経験を通じて導き出した1つの型をご紹介します。しかしながら、もちろんこれがすべての人にとって正解とは限りません。そもそも、すべての人や事業にフィットする型があったのなら、いとも簡単にイノベーションが起こせて、みんなスタートアップ企業を創業して大金持ちになっていることでしょう。そんな甘い話はありません。

　しかしながら、第一歩として、誰かが至った「型」を知り、それを素直に実践してみることが重要なのです。私の経験から導き出した型を厳選してお伝えしますので、せっかく本書を手に取っていただいたのですから、まずは一旦信じて行動を起こしてください。

一説によると、千利休の思想を表現したものが「守破離」のもとになったとされています。この言葉は、基本に則って反復練習を行う中で、師匠の技術を自分の技術にしていく「守」の大切さを説いています。成長を10段階で表すと、師匠の型を徹底的に守り実践することで、習得すべき技術の約5割までは効率的に学べます。

　さらに、段階を7〜8に進めるためには、師匠から教わった基礎に対して自分なりの改良を加え、新しい方法を自ら試していく「破」が必要となります。言い換えるなら、自分に合う方法を科学します。科学とは、再現性のある仕組み化であり、師匠の方法とは違う自分にぴったりフィットする方法を編み出していきます。

　そして9〜10に到達するには、発展形として自分のオリジナルスタイルを確立させます。この辺から、教科書としての型から「離」れて自ら描かなければならないため、いわゆる「アートな領域」になっていくのです。

　社内事業におけるイノベーションにおいても同じで、魔法のような一足飛びの方法はありません。まずは地道に根気よく師匠の言う通りにやり抜く行動が必要となります。よく「1万時間の法則」と言われます。天才と呼ばれる人たちに共通しているのは、1つのことに全力で1万時間以上打ち込んできたことです。1日9時間で3年間も一心不乱に取り組むと、天才と言われるような卓越した領域に到達することができるのです。

　もう1つ、スキルの成長には、8ステップに分割して意識することが重要です。どんな人でも新しいことに取り組むときには、「知らない」に始まり、「知っている」になり、最終的には「教えられる」レベルまで段階を踏んで成長します。

　上司がよくやりがちな過ちが、部下に対して「とにかくやってみろ」と指示を出すことです。このときの問題点は、何も知らない部下に「やってみろ」と言ったところで、何も知らないのだから、正しい試行錯誤すらできません。「何でできないんだ！」と叱責するだけならまだしも（それも十分酷いのですが）、「わからないのになぜ聞かないのか」とさえ言い出す上司もいます。何も知らないのですから、何を聞けばいいかすらわからないのは当たり前です。

　知識があった上で行動ができる。この順番がとても大切です。最近では、新規事業を創るのにメンターが伴走するケースが増えています。しかし、メンターが「知らない人に行動させても、知らなければ試行錯誤にならない」という事実を理解していないために、いきなりコーチングしてしまうケースが多発しています。コーチングは、基本的には自分の頭で考えさせて行動を見守ることで自らの気づきや内発的動機を燃やすことを促すサポートの一種です。そもそも新規事業の作り方のプロセスを何も知らない人に対して気づきを与えるような問いかけをしても、そもそも質問の意図すら理解することは難しく、気づきに繋がることは稀です。

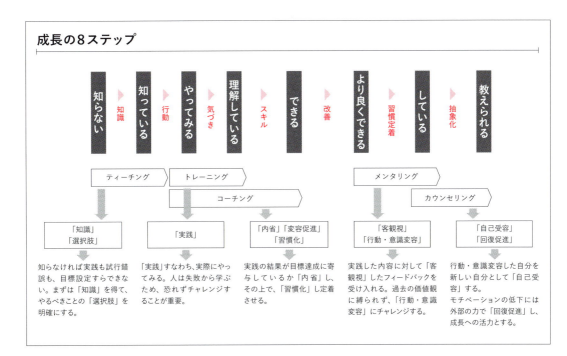

　例えば、新規事業のイノベーションには「顧客インタビューが大切」ということは、新規事業に携わった経験のある方や外部支援者など多くの人が言っています。ただ、「顧客のインタビュー対象者をどう選定するのか？」「どういうインタビューをしなければならないのか？」「どうやってインサイト（真因）に辿り着くのか？」などの方法論を知らずに、いきなりインタビューしてもうまくいかないのは明白です。例えるなら、あなたが初心者のボクサーで、ノーガードで打ち合いに行って、ボコボコに殴られて帰ってきて「どうすれば、ボクシングって強くなるのですか？」と質問しているようなものです。「まずはガードのやり方を覚えるべき」と指導者に突っ込まれるでしょう。世の中のメンターと言われる方々でも、意外とこの点を見落として、行動が大事と背中を押す（いわば崖から突き落とす）ケースが多く見受けられます。

　イノベーションにも、まずはその方法論やプロセスを知ることから始めて、実践することが大切です。シェイクスピアも「愚者は己を賢者だと思い込むが、賢者は己が愚者であることを知っている」という言葉を残しています。イノベーションにおいては、知らないことは知らないと認識する「無知の知」が大切だと言えます。

第1章　マインドセットと基礎知識習得

1-3 学びを継続させるための「実践」「継続」

レビンの組織変革プロセス：Unfreeze→Change→Refreeze

クルト・レビン Kurt Zadek Lewin（独 社会心理学者）

Unfreeze 解凍
揺さぶりをかけ過去を忘れさせる

人は現状に固執する傾向があり、自分の考え方・やり方が最善であると絶対視している。「変化」を選択することを他人に迫られてもなかなか変わらない。まずは、自発的な変化の意欲を持つ。

→ 変化が不可欠と認識する。そのために、意識の揺らぎを与え、変化の準備を整える。

Change 変革
向かうべき方向を認識する

選択肢を実際にやってみると、以前のものの見方やシステムとの相違で混乱や苦しみがともなう。「心理的安全性」が不可欠となる。

→ 変化の魅力、リスクがないことなどを理解する。変化を体験し変化が正しかったと確信する。

Refreeze 再凍結
認識した方向へ進み続ける

新しい枠組みのなかでの快適さと恒常性の感覚が再び現れる。新しい行動基準や考え方を定着させるための環境を作ることが重要。また、習慣として身につくまでやり続けることが必要となる。

→ 変化した行動を定着化・習慣化する

　ドイツの社会心理学者であるクルト・レビンが提唱した「アンフリーズ・チェンジ・リフリーズ」という組織変革のプロセスがあります。組織を良い方向に変化させるには、まずは現状の凝り固まった価値観に揺さぶりをかけ、自主的な変化を促すことから始めるという考え方です。

　例えるなら、四角い氷にいきなりアイスピックを立てて削り始めても、綺麗な丸い氷にはなりません。ともすれば割れてしまいます。四角い氷を丸くしたかったら、まず溶かして（アンフリーズ）水に戻し、丸い型に入れ（チェンジ）、改めて凍らせれば（リフリーズ）、綺麗な丸い氷を作ることができます。組織変革も同じで、唐突に新しい状態に持っていくのではなく、ステップ・バイ・ステップに取り組むことが重要です。

　これは組織だけではなく、個人の価値観を変える方法としても応用できます。まずアンフリーズで心に揺さぶりをかけ、変化が不可欠であることを認識させます。人間はこれまでの自分の考え方や、やり方が最善だと絶対視する傾向を持っています。人間が弱者であった原始社会においては、未知の世界に飛び出していくことはリスクでしかありませんでした。そのため、安全な環境だとわかってから洞窟の外に出るべきという情報が行動原理に組み込まれています。

　特に日本人は農耕民族なので、春に畑を耕し、夏に植えて、秋に収穫するというルーティンをこなしていれば食に困りませんでした。そのため、変化を好まない気質になり、コンフォートゾーン（安定領域）から出ることに脳が不快感を持つ傾向が強くなりました。

現代は激動の時代です。社会がこれほどまでに大きく変革している中では、人も変わることが求められます。この時代に変化は不可欠であると、まずは心から納得する必要があるのです。

　心の揺さぶりが得られたら、チェンジします。とにかく小さくてもいいので、新規事業に取り組んでみる行動をとりましょう。やってみた結果、変化することの楽しさを感じるとともに、大きなリスクがないということを理解し、さらに変化自体が正しかったと確信するのが次のステップです。

　多くの企業研修では、感情の揺さぶりを通じて、人の行動を経験させるところまではできています。しかし、いくら「このように変わればいいんだ」と知り、理解し、決意しても、普段の業務に戻ると、これまでの思考で行動することが求められます。多くの企業研修が無意味になってしまうのは、この理由によって行動を定着させられないことにあります。

　また、新規事業に取り組んだ人でも、プロジェクトがうまくいかなかったら、元の部署に戻らざるを得ないケースもあります。すると、せっかくイノベーティブな行動原理を手に入れたのに、元の部署で旧来通りの保守的なマネジメントを受け、元の保守的な思考に戻ってしまうのです。

　逆に、現場で習慣を定着させることができたのなら、その思考を自分のものにすることができます。つまり、新しい思考習慣を継続させるには、実践をきちんと評価してくれる環境を作ることも大切です。**新規事業を「創る人」（イノベーター）に育つためには、習慣化するまで時間がかかることを意識して、諦めずに挑戦し行動しましょう。**

　また同時に、「創る人」を育てるためには、当然「育てる人」と「育てる場」が不可欠で、それは決して新規事業部門だけで完結することが難しいことも意識すべきです。それは「習慣化」ができないから。イノベーティブな文化を醸成したいのであればこそ、全社的な取り組みは必要不可欠です。トップがしっかりと意志を号令として出し、ミドルマネジメントが本気で取り組む姿勢を見せることで、現場に火がつき、その火を絶やさないように行動し続けることができるのです。その結果として「創る人」は育ちます。

　最後に、アインシュタインの「常識は18歳までに身につけた偏見のコレクションである」という言葉を贈ります。偏見を捨てて、自分を変えることで、イノベーターに成長していきましょう。

2 「イノベーションマインド」を理解する

1-4 「既成概念」をぶち壊す

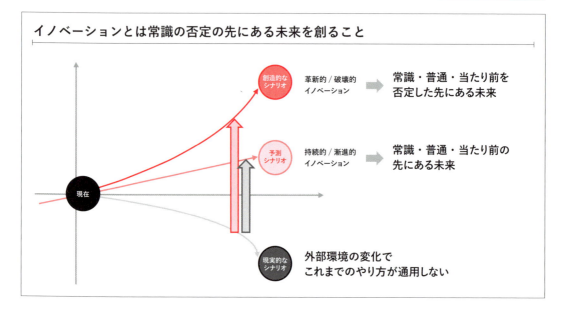

　イノベーションを起こす上で、常識や既成概念は大きな障壁となります。イノベーションは既存事業の延長線上には存在しえないものだからです。
　私がよくセミナーでする質問があります。
「目の前にかつ丼が入っているどんぶりがあります。蓋を開けずに中身を食べてください。どうやって食べますか？」
　これに対し、あなたならどのように答えますか？
　よくある回答は、「どんぶりをひっくり返して器側を外して食べる」「器を割って食べる」などです。
　これに対して、1％の人が回答する答えがあります。それは「そのまま食べる」です。
「器は食べられない」という既成概念にとらわれず、「食べられる器」という前提を置けば、「器ご

と食べればいい」という答えが出るはずです。このように、常識にとらわれない思考の転換がイノベーションには必要になります。

　人間はとかく「井の中の蛙」になりがちです。井戸の上を月が通らなければ、月の存在を知らないし、月に行こうとは思いもしません。井戸を広げて月が上を通るようにすれば、月を目指そうと思う機会を手にすることができます。だからこそ、**常識にとらわれずに井戸を広げる行動をすることが重要**です。

　そして、「ムーンショット」という概念も意識すると常識にとらわれない発想を導き出すことができます。

　ここの「ムーンショット」は、1962年9月12日にアメリカのジョン・F・ケネディ大統領がライス大学で行った演説の中での「We choose to go to the Moon」という名言に由来しています。ジョン・F・ケネディ大統領はこの演説で、アメリカが月面着陸を目指すという大きな目標を掲げ、宇宙開発の重要性を訴えました。「We choose to go to the Moon」という名言が、アメリカ国民にその決意を強く印象づけました。

　第二次世界大戦後、アメリカとソビエト連邦（現在のロシア）との間で冷戦が始まり、両国は軍事的および技術的な優位性を競い合っていました。1957年、ソビエト連邦はスプートニク1号を打ち上げ、人類初の人工衛星を宇宙へと送り出しました。続いて、1961年には、ユーリ・ガガーリンが人類初の宇宙飛行士として地球を一周しました。これらを受け、アメリカは宇宙開発に本腰を入れ始め、ジョン・F・ケネディ大統領の発言へと繋がっていきます。

　しかし、当時はアメリカはもちろん、どの国でも、月面に人類を着陸させることは、技術的に困難であるとされていました。

　しかし、ジョン・F・ケネディ大統領が10年後に月に行くと宣言したことで、夢物語から目標に変わったのです。ジョン・F・ケネディ大統領はアメリカの科学技術の力を信じ、これを実現するためのリソースの投入を決意しました。特に技術者の育成に力を入れた結果、アメリカの技術が急成長を遂げたのです。それが、今日のアメリカの繁栄につながっています。

　このエピソードに因んで、「困難で莫大な費用がかかるが、解決されたら大きなインパクトの期待される社会に対して未来の展望」や「人々を魅了する野心的な目標および構想を掲げること」をムーンショットと呼ぶようになったのです。

　イノベーションに挑むなれば、イノベーティブなアイデアを創出し、新しい技術やプロダクト、サービス開発に至るために、**ムーンショットのような大胆な未来を実現すると固く心に誓うことが重要**です。

1-5 「決断」がイノベーションを推進する

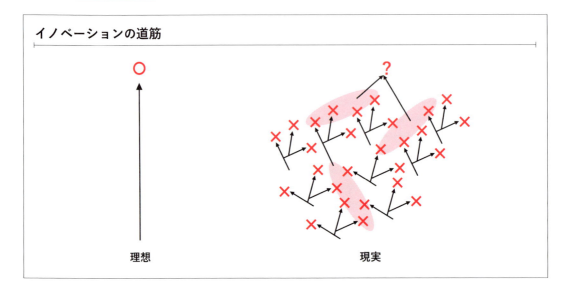

イノベーションの道筋

理想　　　現実

　イノベーションへの道のりは、真っ暗闇の中、底なし沼に飛び込んで、ダイヤの原石を手探りで探すようなものです。しかも、掴んだとしてもそれは「原石」ですので磨かなければなりません。しかし真っ暗闇で磨いているのでそれが輝いているかどうかもわからない。それでも一心不乱に磨いてみたら、結局それはダイヤの原石ではなく、単なる石ころだったということがほとんどです。それでもなお挑み続けた先にしかイノベーションは成せないのです。

　つまり、イノベーションは、決してまっすぐな一本道の先にはありません。まず問題を明確にした上で、その後でソリューション（解決策）を定義し、どんなサービスや商品を作るかを決め、少しずつ歩んでいく他ないのです。本来は、未来の目標に対して直線で進むのが理想的ですが、実際には、目の前の壁に何度もぶつかり、軌道修正しながら問題解決していくことになります。

　新規事業の進む道は、まさに仮説検証を積み重ねていく道。それは、**自分の仮説が合っていることを確認するのではなく、間違っていることを確認すると捉えるべき**なのです。「これは違った」「これも違った」と「失敗」を重ねていきながら、そこから正しい方向性を少しずつ見出していく他ないのです。

　間違っていることの確認を積み重ねて、「この辺じゃなくてこっちかな」「もしかしたらこっちに道があるかもしれない」と失敗の中から見えてきた一筋の光にあたりをつけて進んでいく。すると、

いつか新しい道が見えてきます。このように多くの×を経て○と出会える日まで歩み続けるのです。

既存事業と新規事業の違いはまさにここにあります。既存事業では、「過去の成功体験や知識」から実行までの最適なプロセスを計画立てて歩みを進めます。一方、新規事業は社内に誰も成功体験を持っている人がいない中で、充分な根拠がある状況での判断はできず、それでも先の見えない状況で道なき道を進んでいくしかありません。だから「決断」ができるアントレプレナーシップが求められるのです。あえて言い換えるとしたら、必要なのは「失敗を恐れず一歩を踏み出す勇気」です。

暗闇の中で、道なき道を進むコツは、ターゲット層を決め、顧客の理想の未来を明確にすれば、自ずと問題が定義されるということ。もしここで、新規事業のゴールとしての未来が曖昧な場合、問題が定義されないために、小手先のテクニックですでに顕在化している浅い問題を解くこととなり、インパクトの限りなく小さい事業案へと辿り着いてしまいます。

アインシュタインは、「私が地球を救うために1時間を与えられたら、59分を問題の定義に使い、1分を解決策の策定に使うだろう」と言っています。これは、イノベーションにおいては問題定義に時間をじっくりかけ、それから製品やサービスなどのアウトプットに取り組むことの大事さを説明しています。

問題定義さえしっかりできれば、判断基準が明確になるため、進むべき方向性やプロセスが明確になり、自ずと個々の具体的アクションについて決断できるようになります。

さらに、決断と共に大切なのは「執念」です。結局のところ最も避けなければならない失敗とは「諦めてやめてしまうこと」なのです。新規事業においても、最後までやり遂げたかどうかで明暗が分かれます。「成功するための唯一の方法とは、成功するまでやり続けること」。この言葉を胸にイノベーションに挑んでください。

1-6 社内外から協力を得る「巻き込み力」

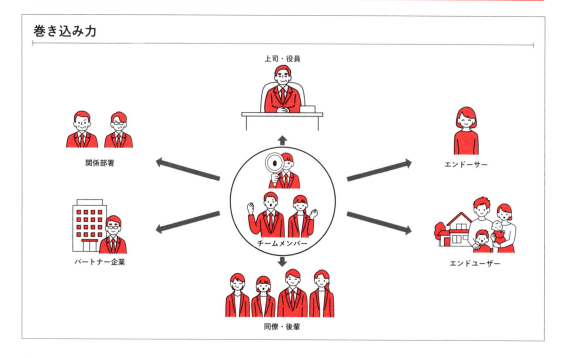

　「早く行きたければ一人で行け、遠くに行きたければみんなで行け」というアフリカのことわざがあります。この言葉には、個人のスピードを優先するなら一人で進むべきだが、長期的な成功や持続可能な成果を求めるならば仲間を集めて一緒に進むべきだという意味が込められています。

　この教えは、社内新規事業にもそのまま当てはまります。特に、**イノベーションや未来志向のプロジェクトにおいては、個人の力だけではなく、チーム全体の力を結集させることが求められます**。そのため、「みんなで遠くに行く」というアプローチこそが、最終的に大きな成果を生む"勝ち筋"であると言えるでしょう。

　では、具体的にどうすれば「みんなで遠くに行く」ことができるのでしょうか？そのためには「巻き込み力」が不可欠です。新規事業を成功させるためには、上司や役員、同僚、後輩といった社内の関係者だけでなく、関係部署や外部のパートナー企業、さらにはエンドユーザーに至るまで、すべてのステークホルダーを巻き込む必要があります。これにより、プロジェクトがより広範囲にわたり影響を与え、より大きな力となって進むことが可能になるのです。しかし、イノベーションに

おいて全員を巻き込むことは、当然のことながら容易なことではありません。

特に、斬新で独創的なアイデアほど、最初の段階では理解を得にくいものです。マイクロソフト創業者のビル・ゲイツは「少なくとも一度は人に笑われるようなアイデアでなければ、独創的な発想とは言えない」という言葉を残しています。これはつまり、イノベーティブなアイデアが本当に価値あるものであるほど、それを理解し、支持する人が最初から多くいるわけではないということを意味しています。特に前例のないアイデアに対しては、論理的な視点で考えれば考えるほど、協力を得るのが難しくなります。なぜならば、既存の枠組みや常識に囚われた視点からは、その価値や可能性が見えにくいからです。こうした状況下で**チームを作り、全員を巻き込むためには、通常以上に強い「巻き込み力」が必要となります**。

一般的には、強力なカリスマ性を持ち、リーダーシップに優れた「陽キャ」や「リーダータイプ」の人がこの役割を担うと思われがちです。しかし実際にはそうではありません。現代においては、自己主張が強くなくても、静かで内向的な人々、いわゆる「陰キャ」と呼ばれるタイプの人々でも、リーダーとしてチームをまとめ、成功に導くことができます。実際、多くの成功したベンチャー企業の創業者には、内向的で社交が苦手な、いわゆる「コミュ障」の人が少なくありません。

では、なぜこのような人たちがリーダーとして成功できるのでしょうか？それは、彼らが持つ内省的な視点や、深く考える力、そして周囲の人々の感情やニーズに敏感であるという特性が、大きな強みとなるからです。こうした内向的なリーダーは、自分のビジョンやアイデアを静かに、しかし確固たる信念を持って伝えることで、チームメンバーの信頼を得ることができるのです。彼らは言葉少なであっても、その行動や姿勢を通じて、他者を引きつけ、巻き込む力を持っています。

また、内向的なリーダーは、他者の意見を尊重し、傾聴する姿勢を持っているため、チーム内の意見やアイデアをうまく取り入れることができるのも大きな特徴です。これにより、チーム全体が協力し合い、共通の目標に向かって一丸となって進むことができるのです。つまり、巻き込み力とは、決して大声で主張することだけではなく、他者との信頼関係を築き、共感を得ることで生まれる力であるということです。

イノベーティブな新規事業を成功させるためには、リーダーシップのスタイルやキャラクターに関係なく、自分自身の強みを活かしつつ、他者を巻き込んでいくことが重要です。自分のスタイルに合った方法でチームをリードし、遠くへと進んでいくことができるのです。

1-7 「巻き込み力」を発揮するには5つの力が必要

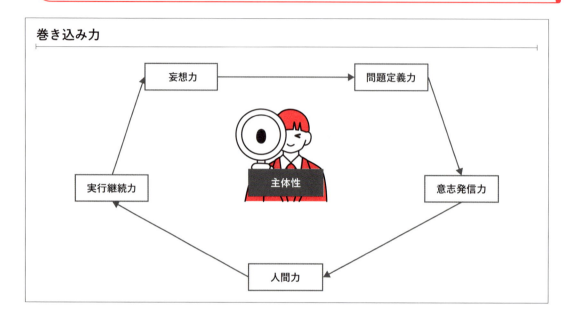

　巻き込み力は「妄想力」「問題定義力」「意志発信力」「人間力」「実行継続力」の5つの力の総合力によって発揮されます。イノベーションの先頭を走るリーダーには、必須の能力と言っても過言ではありません。

　居酒屋で「うちの社長はわかってくれない」「新規事業のことを役員が全然判断してくれない」など、愚痴を言っている新規事業担当者を大勢見てきましたし、その愚痴にもよく付き合っています。厳しいことを言うようですが、新規事業を自分の責任だと捉えることができない方は、そもそも新規事業の担当者として適していません。

　既存事業に携わる人たちも、自分たちの売上や利益というKPIを達成するために本気で取り組んでいます。そのため、新規事業に目が向かないのは仕方がないことです。

　役員を新規事業に巻き込んで、ワクワクさせて仲間にするコミュニケーションができていない自分のことを棚に上げて、彼ら彼女らを批判するのはお門違いです。自責の意識を持っている人だからこそ、巻き込み力を発揮できるのです。

　それでは、以下に巻き込み力の5つの力について、1つ1つ説明していきましょう。

1．妄想力

「妄想力」とは、顧客のあるべき未来の姿を妄想する能力です。ムーンショットな未来を妄想しましょう。なぜ「妄想」という言葉を使っているかと言うと、そこには根拠やエビデンスが必要ないからです。根拠やエビデンスがある未来は、予測可能な未来です。それは既存事業において取り組むべきもの。ここでは「未来は予測不可能」であるという前提に立って、夢物語のような未来を描く必要があります。だから未来は「独自の視点」で定義すべきです。

2．問題定義力

妄想によって未来を定義すると現実と未来のギャップが明確になります。このギャップが、解くべき「問題」です。

一昔前に『イシューからはじめよ』という書籍が流行りました。しかしイシューから始めることはできません。目指すべき「あるべき未来」を定義するから、問題（イシュー）が明確に定義できるのです。

ここで「課題」と「問題」の違いを理解しましょう。イノベーションに関連する書籍を読んだり、講演を聞いたりすると「イノベーションは顧客課題から始めよう」「顧客課題を解決しよう」という言葉が並んでいます。これは姿勢はもちろん、言葉の定義からして間違っています。課題というのは、問題が定義されたあと、その問題解決のために因数分解した、いわば解決した未来に向かう階段の一段一段が課題なのです。課題は達成するもので、問題は解決するものです。

また同時に「顧客課題」というのは「顧客がイメージしている辿り着きたい未来」に対して、「顕在化している悩みやニーズ」に該当します。これは既存事業で取り組んでいるものであり、かつ顧客が「顕在化」しているから「顧客の声」に表出されるものですから、すでに取り組んでいる競合がたくさんいるレッドオーシャンとなります。

我々は顧客が顕在化できていない、しかしながらあるべき姿である未来に顧客を導くためにイノベーションに取り組むのです。だから「顧客課題」から始めてはいけませんし、それを「解決」するのは認識として間違っているのです。未来を妄想し、あるべき未来を独自の視点で定義するからこそ、問題が明確になり、そしてその問題を解決するからこそ、イノベーションが生まれるのです。

3．意志発信力

現在、多くの企業がビジョンやパーパスを掲げていますが、本気でそれを目指して取り組んでいる社員はどれだけいらっしゃるのでしょうか。単なるキャッチコピーとして、会社の壁に貼っているだけで終わっていませんか。それだけで本来の意図が伝わることもありません。

例えるなら、ドラマも最終話だけ見たり、ダイジェストだけ見たりしても、感動したり泣いたり

することはできないのと同じです。

　やはり第1話から積み重ねて見ているからこそ、物語に感情移入し、最終話で心が動いて涙を流すのです。社内新規事業も同じです。「なぜ、この問題とそのあるべき未来を妄想するに至ったのか？」「なぜ、そもそも問題なのか？」「なぜ、自分が強い意志を持って解決したいのか？」という点をしっかりストーリー立てて語ることが必要です。**単にキャッチコピーを提示するだけにとどまらず、ストーリーを社内外に発信しましょう。そしてそれをしつこいくらいに繰り返しましょう。**最初は冷めた目で見ていた人たちにも、そのうちにワクワクが伝播していくはずです。

4．人間力

「人間力」は、周りの人を動かすのに必須の能力です。人は、何を言うかよりも誰が言うかで動くかどうかを決めます。イノベーションに巻き込まれるということは、少なからずリスクをとることになります。嫌いな人のためにリスクをとるでしょうか。そんなことはありません。

「あなただから任せる」「あなただからついていく」と言ってもらえるかどうかです。必ずしも好きになってもらう必要はありません。イノベーションに挑むということは、一部の人から嫌われる覚悟を持つことでもあります。それ以上に、社内で一定の影響力がある**強力な味方に「あなただから」と言ってもらうことが重要**なのです。

　新規事業に取り組む前に、まず本気で既存事業に取り組み、成果を出していることが最低限必要なのです。世の中を大きく変革する新規事業を構想しても、普段の仕事で成果が出せていなければ、信頼して任されることはやはりありません。普段から目の前の仕事に一心不乱に取り組み、成果を出すこと。そして人柄を磨き、人間力を高めることが必要です。

5．実行継続力

　最後は、実際にアクションに移し続ける「実行継続力」です。**自らが主体性を持って動き始めて、最後までやり遂げる**ことが大切です。

　これにより「あいつ、あれだけ失敗しているのにめげないな。そろそろ応援してやろう」というように、背中で語った「あり方」に共感した人が協力者になってくれます。

　特に既存事業で働く人たちは、イノベーションへの取り組みに最初は懐疑的だったり、様子見をしている人たちがほとんどです。その人たちの心を動かし、巻き込まれても良いと思ってもらうためにこそ、この「実行継続力」が重要となるのです。

　以上の5つの力が揃って初めて巻き込み力が発揮され、新規事業のファーストペンギンになれるのです。

3 イノベーションの行動原理を理解する

1-8 ときにはブルドーザーのように強力に推進するからこそ、対話を重視する

必要なのは、対話

お互いの立場や意見、
価値観や判断基準の違いを理解し合い、
目的達成のために擦り合わせる。

「社内新規事業に挑戦するぞ！」と決意した矢先に、社内に妨害者が現れることが多々あります。単に自分の仕事が増えるのは嫌だという理由で否定する人、リスクを憂う人など様々です。もちろん社内の意見調整も大切ですが、**ときにはブルドーザーのように、強行突破的に推進する覚悟も必要**です。綺麗事だけではない、パワーゲームが有効な場合もあるのです。

　少し極端な例かもしれませんが、「末期がんの患者さんたちの苦しみを和らげたい」という問題に取り組んでいたとします。現在、目の前に苦しんでいる人たちが山ほどいる状況で、社内調整に何年も時間をかけていたら、がんの苦しみを和らげるという問題を解くことなく、顧客候補の人たちは亡くなっていってしまうでしょう。イノベーションにおいて必要なのは目の前にいる人たちを幸せにすること。実際に、社内稟議を通すために社会課題の解決が遅れている事例は、枚挙にいとまがありません。

もちろん、だからといって社内調整を蔑ろにしていいわけではありません。彼ら彼女らが協力者に変わるための材料はこちらから用意しましょう。そう考えたときに、新規事業で大切なことは、小さくても良いので早めに結果を出すことに他ならないのです。小さくても成功しているという結果としての「ファクト」を提示すると、最初は反対していたメンバーでも、成果を出したことで手のひらを返す人が現れます。こうして、どんどん仲間を増やし、多くのメンバーを巻き込み、プロジェクトとしてのパワーを強化していきます。

　手のひらを返した人を「あの人はああ言っていたのに……」とネガティブに捉えるよりも、手のひらを返した人が現れるたびに、毎回「よっしゃ！」と心の中でガッツポーズをとるぐらいでいましょう。なぜならば、手のひらを返した人は、明確に仲間になったと公言しているようなものなので、頼もしいバックアップメンバーになるからです。さらに大きな結果を出すと、「あれ、俺がやったんだぜ」「あれ、俺のおかげなんだ」というメンバーが出てきます。「アレオレ詐欺」をする人が現れてくれたら、プロジェクトが順調に進み、社内の風向きが追い風へと変わった証拠です。

　すべてにおいて重要なことは「対話をする」ことです。説得ではなく対話です。

　新規事業を推進する上での社内のキーマンを見極め、彼ら彼女ら1人1人がどのような価値観で仕事に向き合い、どのような課題を抱えているかを理解しましょう。理解するために対話をし、理解した上で対話する。そのための時間をできるだけ持つのです。「イエス」と言わせることを目的とした「説得」では、相手は頑なになっていくだけです。あくまでこちらの考えや状況を伝え、相手のことも理解する。それだけでいいのです。その時間を積み重ねていくだけで、「納得はできずとも、理解はできた」という状態になれば、自ずと擦り合わせができるものです。大切なことは全員が仲間にならなくても良いということ。仲間じゃなくても足を引っ張る人がいなくなれば、仕事はかなりしやすくなるはずです。

　一方で、それでも足を引っ張り続ける人も中にはいます。その際は、会社の権力構造を利用する強かさも必要です。経営層に妨害メンバーについて、「なかなか動いてくれないのですが、言っていただけますか？」と伝え、決定権ファーストで進める。ブルドーザーのように強力に推進し、いち早く成果を出せば、勝てば官軍になれます（もちろん諸刃の剣なのは前提ですが）。

　イノベーションを起こすためには、もちろん相手の視点に立てる共感力が必要です。でも、ときにはエンドユーザーのために思い切って攻め込んでいく、泥の中を力強く走るブルドーザーのような推進力が大切になってくるのです。

1-9　とにかくやってみる。走りながら考える

「とりあえずやってみる」が世界を変えた

70%近くの成功したスタートアップは「とりあえずやってみる」ことから始まった

- 自分自身の課題を解決
- 好奇心でいじくりまわす
- すでに機能したものをピボットする
- 変化の予兆に気づき、バックキャストする
- 友達とブレスト

How they came up with their startup ideas

Strategy	Companies	
Solve your own problems	airbnb, Etsy, cameo, Dropbox, Calm, Snapchat, GOAT, fiverr, WhatsApp, Uber, substack, HIPCAMP, Apple, WARBY PARKER	30%
Follow your curiosity	Google, TikTok, OpenSea, coinbase, 建築, headspace, tinder, duolingo, The RealReal, Twitter	20%
Double down on what's working	lyft, Instagram, PayPal, Pinterest, Glossier, Discord, wish, YouTube, Twitch	18%
Pay attention to paradigm shifts	Spotify, 23andMe, TESLA, amazon, Snackpass, instacart, RBC, STITCH FIX	15%
Brainstorm with friends	DOORDASH, NETFLIX, Thumbtack, yelp, reddit, bumble, eventbrite, nextdoor	15%

出典：Lenny Rachitsky , How to kickstart and scale a consumer business , 2022
https://www.lennysnewsletter.com/p/kickstarting-and-scaling-a-consumer

　世界中のスタートアップ企業の多くが、"まずやってみた"結果、走りながら改善して今の成功したビジネスに到達しています。どんなに優秀なイノベーターであっても、1から100まですべての事業展開を予測し、戦略を立案することは不可能です。**イノベーションを起こすには、現実には「走りながら考える」しかない**のです。

　上の表は、スタートアップ企業が新規事業のアイデアを創出した方法の一覧です。表の最下部が友達と一緒にブレストしてアイデアを見つけたスタートアップ企業で、全体のわずか15％しかありません。下から二番目は、世界の変化の予兆を捉えて逆算して作ったスタートアップ企業で、こちらも15％にすぎません。つまり、残りの70％のスタートアップ企業は、「まずやってみる」ことからスタートしています。

　例えば、YouTubeは2005年のバレンタインデーに、動画を活用した出会い系サービスの構想からスタートしました。しかし、あまりに視聴者が少なく、出会い系サービスとしては失敗に終わっていました。そこで、創業者の1人が動物園で撮影した象の動画を投稿したところ、それにより視

聴者が一気に増えたのです。そして、創業1年半後にはGoogleに16億5000万ドルで買収され、現在ではGoogleの収益を支える事業にまで成長しています。

　世界最大の民泊プラットフォームであるAirbnb（エアビーアンドビー）も、予想外の成長を遂げたスタートアップ企業です。ブライアン・チェスキー氏とジョー・ゲビア氏は、サンフランシスコで民泊とはまったく別の事業で起業します。しかし、業績は不調。2人で一緒に借りていたアパートの家賃、1150ドルすら払えなくなります。貯金も底をついたところで、自宅のロフトを貸し出すアイデアを思いついたのです。エアーベッドを貸し出し、朝食を振る舞いました。これが「エアーベッドと朝食」という意味のAir Bed and BreakfastがAirbnbの社名の由来です。その後、自宅だけでなく外部にも広げ、使いやすい予約サイトを作り、多くのユーザーに支持されて急成長したのです。

　つまり、**70％のスタートアップ企業は、とにかくやってみることから成功している**ということです。とにかくやってみることで0から1にする利点は、とても大きいのです。1を10や100に育てるというのは、既存事業をさらに成長させることと同様であり、世の中に事例が数多くあることから、ある程度科学され方法論が確立されています。しかし0を1にする方法は、完全に科学されていません。諸条件が多すぎて、再現性のある仕組み化ができていません。まずは、何らかのアクションを起こしてみる。そこから、新たな気づきを得ることで、その先の道が見える。とにかく「まずやってみる」ことが重要なアクションです。

　また、他社の成功のロールモデルの研究は、インプットとして大切です。それを知ることで、自分の中に成功パターンのイメージが蓄積されます。それによって、「とにかくやってみる」勇気が得られます。

　同時に失敗を糧にするポジティブなマインドも大切で、それこそがイノベーションを起こす底力になります。「挑戦したからこそ失敗できた」「失敗ではなく、この方法は違ったということを見つけることができた」とプラスに捉える心構えでいると、前に進み続けることができます。私はいつもクライアント企業に、「**不安なときに立ち止まるのではなく、不安だからこそ歩みを進め続けましょう**」とメッセージを伝えています。**イノベーションの道すがらには不安はつきものですが、行動するからこそ不安は消えていく**のです。

1-10 解像度を徹底的に高める

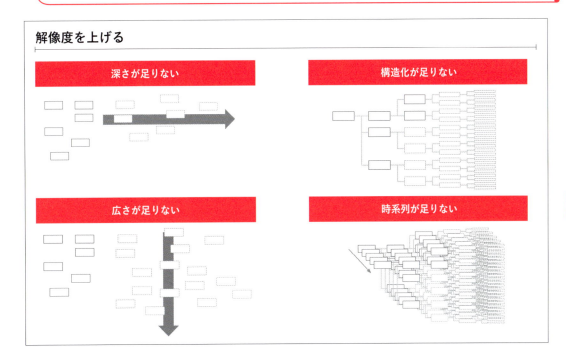

　イノベーションの実現のために、とても大切なことがあります。それは「徹底的に解像度を高める」ということです。新規事業の承認会議では、「解像度が低い」という指摘がよく飛び交います。

　解像度の足りなさとは、「深さ・広さ・構造・時間」の4つのどれかの要素が不足しているという状態です。

①深さが足りない

　イノベーションにおいては「N＝1のお客さんが重要である」とよく言われます。これは、「確実に商品サービスを買ってくれるたった1人が大切であり、それを見つけるべし」という理論です。たった1人でもお客さんが存在するなら、少なくともビジネスとして成立する可能性がゼロではないことが証明されるからです。

　ここでのよくある失敗は、「ペルソナを属性で設定する」こと。「30代男性、埼玉県在住、年収500万円」などのようにです。そのような属性だけで定義される薄っぺらい人は存在しません。人

はそれぞれ固有のシチュエーションに存在します。それを知ることが重要なのです。

顧客候補が「どのような状況にいるのか？」「どういう課題があるのか？」「課題をどうやって解決しようと考えているのか？」「それでも残る課題は何か？」を知る深さが大切です。これらは属性研究というデータからは見えてこないものです。

「顧客候補のリビングルームが想像できるくらいまで理解せよ」というぐらい、解像度を上げることが必要で、そのためにこそ徹底的に顧客と向き合うことが重要なのです。

②広さが足りない

次に、「広さ」については、**「それが一番有効な解決方法になっているか？」と疑うことが重要**です。ベストなソリューション（解決方法）かどうかは、全体を俯瞰しないとわかりません。選択肢を広げないまま一点賭けで「このサービスは受け入れられると思います」の先には、大量の在庫を抱えるという末路が待っています。

常に他に選択肢はないのかを調べ、考える。そして比較検討し、自身が考えているアイデアが一番有効な解決方法になっていることを確認する。たった一度だけ分析するのではなく、ピボットするたびに検証して分析することを繰り返すことが重要です。

③構造化が足りない

「構造化」では、単に課題解決手段の選択肢を広げるだけではなく、構造的にロジックツリーで整理することを指します。得られた情報は、必ず構造的に整理しましょう。

深さも広さも、単に目の前にある情報を眺めているだけでは判断がつくものではありません。**得られたファクトの関係性を考えて整理し、それぞれを要素分解しながら、ロジックツリーを作成します**。つまり深さや広さを検討するためにも構造化は欠かせないのです。

また同時に、ロジックツリーの中からクリティカルパスを導き出します。1つの要素を解決したら、ドミノ式に周辺の課題がすべて解決するという事業スキームを構築する。もちろんそれを目指すためにも、初期の段階では「課題Bは一旦置いておく」という判断も必要となります。いずれにしても、論理的に考える思考は必要不可欠です。

④時系列が足りない

イノベーションとは、世の中に存在しなかった商品やサービスを提供することによって、より良い社会を創り出す行為です。

それを志しているにもかかわらず「早すぎた」イノベーションが起こってしまうのは、時系列の検討が足りていないことが理由です。

例えば、顧客が今現在置かれている状態と、イノベーションによって導きたい状態の乖離が大きい場合には、いきなり顧客の目の前にプロダクトやサービスを提供しても、その提供価値を理解できずに手にしてくれないということは往々にして起こります。その場合には顧客を育成する「ナーチャリング・プロセス」を設計しなければなりません。==事業を回転させるためには、顧客にまず使ってもらわなければいけない。そこを設計するときには、時系列の意識は非常に重要となります。==Amazonの創業者のジェフ・ベゾスは、創業前から「世の中のすべての物を売買できるマーケットプレイスを創る」と構想を立てました。しかし、資金的にも物理的にも全商品を扱うことは不可能です。そこで彼が選んだ戦術は、在庫を持つ必要のない書籍を選び、販売をスタートすることでした。ホームページに注文が入った後に出版社から仕入れて販売する形にすることで、ローリスクで事業を開始できました。それと同時に、通常の書店と違い、インターネットでは在庫を持たなくても年に1〜2冊しか売れない書籍も扱うことができました。Amazonの登場以降「ロングテール」という言葉が一般化したように、Amazonのビジネスモデルの妙はそこにありました。そして、顧客が増えビジネスが回転し、売れることが明確になってから、徐々に商品ラインナップを増やしていき、現在のグローバル企業にまで成長しました。

　インターネット初期の頃は、食品を注文しても本当に安全に届くのかが不安で、購入は進みませんでした。Amazonによって書籍でネットショッピングに慣れた顧客たちは、その後に様々な製品をネットショッピングで買うようになり、ついには食品さえもネットで買うようになりました。まさにAmazonの戦略と戦術は、時系列で考えることの重要性を教えてくれます。

　以上のように、イノベーションに挑む際には、いずれのフェーズにおいても4つの視点で解像度を高めていくことが重要です。解像度がそのまま新規事業の成功確率に直結するのです。

参考：『解像度を上げる─曖昧な思考を明晰にする「深さ・広さ・構造・時間」の4視点と行動法』（馬田隆明／英治出版）

1-11 判断基準は常にビジョンに置く

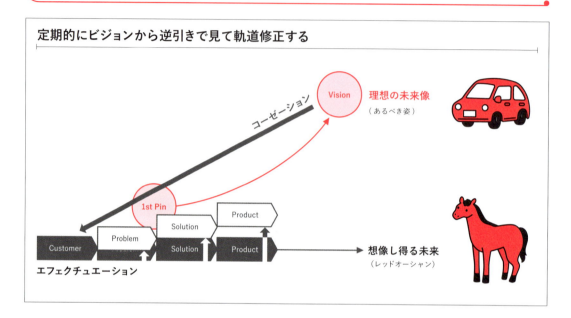

　最終的なビジョンを見据え、それを基軸にして逆算することで、ゴールまでの道筋がブレなくなります。この考え方は、特に不確実性の高い事業環境において非常に重要です。未来には大きく分けて2つのタイプがあります。ひとつは、イノベーションによって創り出したい「あるべき姿」としての未来。そしてもうひとつは、過去から現在に至る延長線上にある、予測可能な未来です。

　一歩一歩着実に進むことはもちろん重要であり、ビジネスの基礎を固めるためには必要不可欠なステップです。しかし、それだけでは、最終的には予測可能な未来にしか辿り着くことができません。この予測可能な未来は、既に多くの人々が見通せる範囲内にあり、その結果、競合も多く存在するレッドオーシャンの市場となる可能性が高いのです。そこでは、資金力やブランド力を持つマーケットリーダーが圧倒的な優位性を持ち、その他のプレイヤーは厳しい戦いを強いられることになります。

　だからこそ、常にゴールから逆算し、そのビジョンを基盤にして進めることが必要なのです。これは単に目標を設定するだけではなく、その目標に至るまでの過程を逆算し、理想の未来に向けた一歩一歩を確実に踏み出すことを意味します。このプロセスこそが、イノベーションを起こすための基本的なアプローチであり、「コーゼーション」と呼ばれる手法です。この手法は、理想の未来

を常に確認しながら進むことで、最終的にその未来に到達することを可能にします。

近年、「顧客インタビューを起点に事業を創る」ことが、事業開発におけるトレンドとして定着しつつあります。このアプローチは、顧客のニーズを直接反映させることで、顧客にとって価値のある製品やサービスを生み出すことを目指しています。しかし、そこには見落としがちな盲点も存在します。それは、**顧客の理想のゴールを明確に定義せずに、事業を創り出してしまうことです。**

自動車会社フォードの創業者であるヘンリー・フォードは、「もし顧客に、彼ら彼女らの望むものを聞いていたら、彼ら彼女らは『もっと速い馬が欲しい』と答えていただろう」と言ったとされています。この言葉は、顧客の課題だけを参考にして製品開発を進めることの危険性を示しています。もしフォードが、顧客の声に完全に依存していたならば、彼は馬の品種改良に全力を注ぎ、結果的に自動車の開発という革新的なアイデアに辿り着くことはなかったでしょう。

顧客インタビューにおいて、顧客が語るのは往々にして彼ら彼女らが既に認識している課題に過ぎません。つまり、顧客が表現するニーズは、現在の延長線上にあるものであり、それを超えた未来を提示することはできないのです。そこを起点に事業開発を進めてしまうと、結果的に予測可能な未来にしか到達せず、競争が激化する中で埋もれてしまう可能性が高くなります。

また、「顧客起点」と同様に、最近では「エフェクチュエーション」という手法も注目されています。エフェクチュエーションは、手持ちのリソースを基にして前に進む方法ですが、これにも同様の落とし穴があります。もし目指すべき未来を明確に定めず、手段だけで進もうとすれば、その結果として得られるのは、限られた可能性の未来に過ぎません。

フォードは、「A地点からB地点まで高速かつ安全で、リーズナブルな手段で辿り着く」という理想を掲げ、その理想に基づいて「自動車」を作り出しました。最初は、工場のモーターを板の上に載せ、車輪をつけたものを走らせるというシンプルなものでしたが、彼のビジョンに対する執念とこだわりが、最終的にフォード・モデルT（T型フォード）の開発に繋がりました。

このように、顧客インタビューだけに依存しすぎると、誰も欲しがらない製品が出来上がったり、既存の延長線上から抜け出せないというリスクが生じます。顧客行動を起点に描いた理想のビジョンから逆算して、その上で顧客に向き合うからこそ、イノベーションを起こすための重要なトリガーに辿り着くのです。

COLUMN

夢や目標はいらない。目の前のことに集中する

最近のSNSでは「夢や目標がないとダメだ」という考えが広がっています。夢や目標を持たないと、まるで価値がないかのように感じさせられることもあります。しかし、それは確かに一面の真理かもしれませんが、決してそれがすべてではありません。

私は今回、初めて書籍を出版しましたが、これはあくまで結果であり、目標にしていたわけではありません。ただ「いつか出せたらいいな」と思っていただけです。それでもここにたどり着くことができました。

夢や目標を持つことは素晴らしいことですが、それを持たないことが問題だとは限りません。大切なのは、夢や目標がないからといって自分を過小評価しないことです。むしろ、夢や目標がない状況を活かし、自分を広く見つめ直し、可能性を模索する機会と捉えるべきです。

私のキャリアは、中学生時代に趣味で始めたプログラミングがきっかけで、大学生時代にたまたまOBからWebサイト制作を依頼されたことから始まります。エンジニアとしての道を考えましたが、優れたエンジニアや未踏スーパークリエータと自分を比べ、20代前半で限界を感じました。自分が彼らほど優秀ではないことに気づき、心が折れ、ビジネスサイドに転向しました。

その後、アーキタイプの中嶋淳社長と出会い、事業開発の基礎を学びました。アーキタイプで学んだことは今でも私のキャリアの土台となっています。アーキタイプがスタートアップに出資していたことから、起業に漠然とした憧れを抱くようになりましたが、すぐに起業はせず、グリーなどのメガベンチャーやスタートアップで新規事業創出を何度も経験しました。

夢や目標がなくても自分を過小評価するのではなく、むしろその状況をチャンスと捉えたのです。広い視野で可能性を模索し続け、訪れたチャンスに怯むことなく手を伸ばし、果敢に挑戦し続けたのです。（続）

準備

PREPARATION

プロジェクトを設計する

~新規プロジェクトの設計方法~

第 2 章

1 新規プロジェクトの設計方法

2-1 テーマ領域仮説を決める

テーマ領域について"ストーリー"で仮説を設定する

生活価値が拡充するための、持続可能な"食"のあり方に向き合ってみたい

「利益よりも価値を大切にする」「生活価値の拡充」という企業理念（パーパス）のもと、ライフスタイル全般を手がける弊社にとって、新たに人も動物も地球にも優しい食べ方、暮らし方を新しい事業テーマへ取り組むことを決める（事業アイデアまで絞り込みができてなくとも、漠然とした抽象度の高いテーマ設定で良い）。

最初からハンバーガーを売ることに向き合うのではなく、

抽象度の高いコンセプトや社会課題に対して向き合うことの熱量を持つ

新規事業の一歩目は、「プロジェクト」を設計する「プロジェクト・デザイン」から始めましょう。これから新規事業として頂を目指すにあたっての事前準備をしっかりすることが重要です。

どの山に登るのか。その山はどんな山か。どれくらいの高さなのか。道のりは平坦なのか、勾配は激しいのか。整備されているのか、獣道なのか。登り方はどうするか。一気に登るのか、何回かに分けて登るのか。

新規事業というのは、まさに「未知の領域」へのチャレンジです。誰もまだ見たことのない道を突き進むことになるため、闇雲に進むと袋小路に迷い込んでしまうこともよくあります。

一方で、とりあえず挑戦してみることも、もちろん大事です。挑戦の一歩を踏み出すためにも、まずは進むべき道筋をはっきりさせることから始めましょう。

その1つが「**テーマ領域**」になります。新規事業として、ハンバーガーショップ・ビジネスへの参入を例に出して説明しましょう。会社の企業理念が「ライフスタイル全体の中で、人にも動物にも

地球にも優しい食べ方や暮らし方を提供する」で、パーパスが「利益よりも価値を大切にする」「生活価値の拡充」だとします。企業理念に沿った「新規事業のスタンス」を含めて、テーマ領域を決めることが大切です。例えば「生活価値を向上させるための、持続可能な"食"のあり方に向き合う」といったものです。

このようにプロジェクトの設計においては、アイデアとして「ハンバーガーショップ・ビジネス」があったとしても、具体的に「ハンバーガーを売る」ことにアイデアを絞り込み、深めるのではなく、一度根本に立ち返って「抽象度の高いテーマ設定」を行います。

ここで設定したコンセプトには2つの目的が含まれます。1つは**常に立ち返る判断基準としての「軸」を置くこと**。そしてもう1つは「**制約**」**を課すこと**。前者については後述するとして、ここでは「制約」の効果についてお伝えします

それは「クリエイティビティ（創造性）は、制約があった方が加速する」ということです。次のページの左側の図をご覧ください。「白紙のキャンバス」と「3つの黒点が存在するキャンバス」を見比べて、想像力が膨らむのはどちらでしょう？　クリエイティビティの高いアーティストなら、「白紙のキャンバスの方が自由に想像できる」と言うかもしれません。しかし、ほとんどの方は、「3つの黒点が存在するキャンバス」の方が想像力をかきたてられるはずです。

3つ点があると人の顔に見えませんか？　これはシミュラクラ現象と呼ばれ、人間の脳は3つの点が集まった図形を人の顔と認識するようにプログラムされていると言います。このようにして人間は情報を補い、何かを「妄想」するクリエイティビティを進化の歴史において獲得していったのです。

つまり、制約条件があることで、イノベーションを生み出しやすいクリエイティビティを発揮することができるのです。**制約条件こそが新規事業の種であり、イノベーションとは「制約に対する創造的なアプローチ」**とも言うことができます。

第2章　プロジェクトを設計する

045

制約がイノベーションを促進する

**イノベーションとは「制約」に対する
創造的なアプローチ**

「制約」は、表面的には煩わしい障壁のように見えるが、その中にイノベーションの種を秘めている。制約こそが想像力を刺激し、集中力を高め、未知のアイデアを引き出す。困難な状況に直面すると、その状況を打破するための新しいアプローチやコンセプトを練り上げる能力が高まる。

白紙のキャンバスと、黒い点が3つあるキャンバス。
どちらの方が想像力が膨らむだろうか？

　ここで例を挙げましょう。カプセルホテルやウイスキーのバーボンなどは、実はこの「制約」から生まれた商品です。カプセルホテルは、人口密集度の高い日本だからこそ生まれたイノベーションと言えるのです。土地の制限という制約条件の中で、「どうやったら多くの人が泊まれるか？」を考え、「カプセルホテル」という形態に辿り着いたのです。

　そして、バーボンは、アメリカに渡ったスコットランド移民が造ったお酒です。当時のアメリカにはスコッチの原料となる大麦が存在しなかったので、トウモロコシを原料にして、バーボンというお酒を生み出しました。

　GEヘルスケアの心電計「MAC400」も、制約から生まれた商品です。「検査1回あたりの費用が1ドル未満で、不便な土地にも持ち込める運搬しやすいバッテリーで動く心電計を、期間18ヶ月、予算50万ドルで開発せよ」という厳しい制約条件の中で開発されました。

　このように制約はイノベーションの起爆剤になると言っても過言ではありません。何の制約もない環境で自由に創出するのがイノベーションではなく、制約があってこそ、イノベーションは生まれます。

「何が制約かを明確にする」ことからイノベーションは始まるのです。

2-2 なぜ新規事業に取り組むのか？

　ゼロからの起業・スタートアップと違い、成熟事業を持つ、いわゆる大企業が社内新規事業を始めるときに必要なことがあります。それは、初めに「なぜ、自社がこのような新規事業を始めるのか？」を明確にすることです。なぜ、この定義づけが必要なのか？　それは「既存事業や経営理念を無視した社内新規事業は長続きしない」からです。

　とある企業で、既存技術の活用や既存事業とのシナジーを一切無視して新規事業を創出する組織を立ち上げました。既存事業が好調なときはそういう取り組みが必要だと経営陣からも承認され活動を続けることができていたのですが、探索活動はできていましたが、新規事業創出はそう簡単に芽吹くものではありません。そのうちに既存事業の状況に陰りが見え始め、組織は解散させられました。

　スタートアップがVCから資金調達をしているのと同様に、新規事業は経営層から予算確保という資金調達を行っています。金主からの期待に添うことは当然必要なことです。

　しかし、その一方で経営層が必ずしも新規事業に対して明確な意志を持っているとも限りません。例に挙げた企業のように「活動」の承認をしてくれることはあるでしょう。しかし「事業」に対しての方針を明確に握れていないと、既存事業の状況によって「活動」は止められてしまうことが往々にして起こります。

　経営層のポジションは、既存事業で成果を残したエースが出世した結果、就くものです。また株主からも既存事業で成果を残すことが強く求められます。経営層が新規事業に対して強く意志を持っているケースが稀なのはこのためです。新規事業に取り組むなればこそ、既存事業のメンバーよりもより深く既存事業について語ることが求められるのです。自社の歴史を知りましょう。創業者から綿々と受け継がれている理念やパーパスをしっかり理解し、強い共感を持ちましょう。また、会社の決算資料、IR資料、統合報告書などを少なくとも5年分は読み込んで、自社の戦略を理解しましょう。社長の年頭所感、社内報でのメッセージ、新聞や雑誌のインタビューを読み、今何に力を入れようとしているかを理解しましょう。

　我が社がなぜ新規事業に取り組むのかを明らかにすることで、戦略的なポジショニングが決まり、進むべき道が見えてきます。また同時に経営層に対して「新規事業領域の参謀」として新規事業の戦略を立案することで、経営層が「新規事業に取り組むべき価値を明確に意識する」ことへのアプローチにも繋がります。そして、その前提の中で最初に設定した「テーマ領域」は我が社が取り組むべきものと言えるかどうかを明確にします。

2-3 強み、弱みを理解する

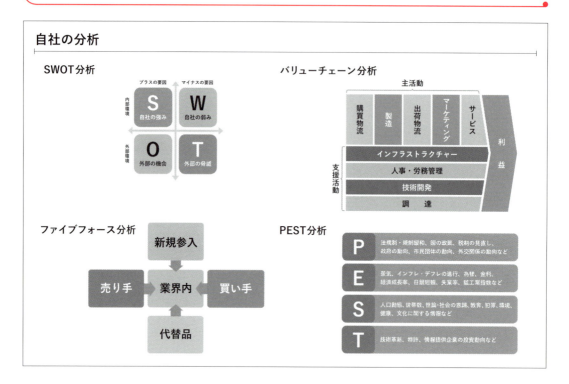

　次に自社の強み、弱みを知るための分析を行います。全社的な強み・弱み、仮説設定したテーマ領域に対する強み、弱みの両方を分析しましょう。

　成熟事業を持つ大企業の中で新規事業を創るということは、ある意味スタートアップよりもスタートラインがはるかにゴールに近いところから始めることです。これは既存事業によって培った技術、顧客との関係性・信頼、販路、パートナー企業、ノウハウ、優秀な社員といったアセットを活用できるためです。

　一方で、ゼロからスタートするのであれば、スタートアップ・エコシステムの中で起業する方が、大企業で始めるよりもはるかに優位です。資金調達環境、人材の採用、判断の自由度、労務環境など、スタートアップ・エコシステムの方に優位性がある点はあります。

　スタートアップと直接的に戦うのではなく、スタートアップよりも優位に事業を創出し、一気に市場を開拓し、世界を獲るためにこそ、既存事業のアセットの活用は必須です。

そのため、自社の強み、弱みを明確にすることが重要です。

　SWOT（スウォット）分析とは、自社の内部環境と外部環境を、強み（Strength）、弱み（Weakness）、機会（Opportunity）、脅威（Threat）として洗い出し、企業や事業の現状を把握するための手法です。
　バリューチェーン分析とは、プロダクトを世に出すまでのプロセスを、原材料の調達から市場での流通・販売までの流れを企業の提供する「価値の連鎖」として考え、事業の工程ごとに分析する手法です。
　ファイブフォース分析とは、自社に起こり得る脅威を「業界内の競合の脅威」「買い手の交渉力」「売り手の交渉力」「新規参入の脅威」「代替品の脅威」の5つに分けて、競合各社、業界全体の状況と収益構造を明らかにし、その中で自社の利益の上げやすさを分析する手法です。
　PEST分析とは、外部環境を「政治（Politics）」「経済（Economy）」「社会（Society）」「技術（Technology）」の4つの要因に分類し、自社を取り巻く外部環境が、現在もしくは将来的にどのような影響を与えるかを把握・予測するための手法です。
　外部環境の変化によって、自社の強みが逆に弱みとなるケースなどもあるため、ここで外部環境も分析します。

　これらはあくまで分析手法の一例で、主要なものを挙げました。分析手法の選択は、状況に応じて適したものを選択しましょう。
　いずれにしても大切なことは冒頭に申し上げた通り、**スタートアップや競合他社よりもスピーディーかつ確実に事業を創出するという目的のために、使える手段は何か。逆に、外部から調達しなければならない手段は何かを明確にする**ことです。新規事業を起こすには「彼を知り、己を知れば、百戦殆うからず」という孫氏の言葉がまさに大切なのです。

2 ビジョン ～目指すべき未来～

2-4 自分たちは「何屋」なのか？

パーパス経営に基づく新規事業創出の事例：ライオン

　今、多くの企業でパーパス経営が重要視されています。パーパス経営とは、「その企業がなぜ社会に存在するのか？」という存在理由を明確にした経営のことを言います。
　「自社がこれまで社会に対して何を提供してきたのか？」「これからは何を提供するのか？」も定義づけします。簡単な言葉に直すなら、**自分たちは"何屋さん"か？**」という問いへの明確な答えを確定します。
　例えば、ライオン株式会社は2030年に向けて「より良い習慣づくりで、人々の毎日に貢献する」というパーパスを設定しました。
　ご存じのように、ライオン社は歯磨き粉や手洗い石鹸などを販売してきたわけですが、「自分たちは、歯磨きや手洗いといった、より良い習慣を世の中に定着させることで、公衆衛生に貢献して

きた」という歴史があるため、まさに「自分たちは"何屋"さんか」が明確になります。そして、「これからもより良い習慣づくりで、人々の暮らしに貢献していく」という「志（こころざし）」が、明確に伝わる内容となっています。

　この言語化により、既存事業の社員に対しては「自社は人々の習慣を作ってきたんだよ」というメッセージを届け、エンゲージにもつながります。
　同時にそれは「既存製品をただ販売するだけではなく、その先でさらに何ができるかを考えなさい」というメッセージにもなっています。優れたパーパスは新規事業のためだけに存在するのではありません。「会社は社会に対してどのように貢献しているのか、これから何ができるのかを考えましょう」ということを、既存事業も含めた全社員に明示することができています。

　もちろん、全社的なパーパスを書き換えることはそう簡単なアプローチでありません。しかし新規事業も我が社を背負って立つ事業を今後創出していくんだという気概を持つべきですし、その前提として新規事業部門として全社的なパーパスを検討し定義すること自体には、それを全社に公開するか、新規事業部門内にとどめるかは別として取り組むべきなのです。

　さて、ここからは、実際に既存事業のパーパスの再定義を行う方法をお伝えします。

パーパス再定義フレームワーク

　まず、目指すべき「ビジョン」について議論します。ビジョンとは、言い換えるならば「辿り着くべき理想の姿」です。顧客の現状について顧客の現状を詳らかにし、課題を認識。その上で、潜在的ニーズを定義し、その実現のための障害を書き出します。
　次に、「ミッション」について議論します。これはビジョンを実現するための「使命感」です。社会課題やそれを取り巻く環境を洗い出した上で、自分たちの使命感を明確にします。
　そして、「バリュー」について議論します。自分たちの「強み」や「らしさ」、そして「独自性」を言語化します。ここでは具体的な製品や技術、機能ではなく、なるべく抽象的な「価値」について議論します。
　議論の過程で出てきた情報やコンセプトを、中央の図にプロットしながら議論していきましょう。そしてそれを同じような情報をグルーピングして名前をつけたり、そのグループ同士の関係性を定義したり、場所をずらしたりしながら、重要な情報を浮き彫りにしていきます。
　ときには、「その価値を提供するとしたらどんな事業に取り組むのか」「このスタートアップの事業は我が社がやるべきだった」という、具体的なビジネスアイデアも考えます。

抽象と具体を繰り返しながら議論をすることで、重要視すべき価値観としてのワードが浮き彫りになってきたら、それをまとめていくと「パーパス」が定義できます。

　かっこいい言葉にまとめることを意識しすぎる必要はありません。徹底的に議論することと、その中で共通認識を育み、メンバー同士の考えや思いを知ることこそが重要です。

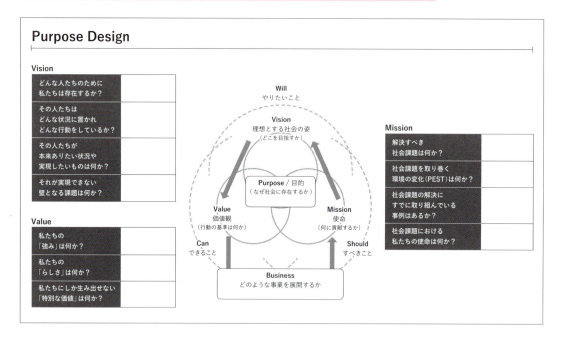

2-5 プロジェクトの前提条件を整理する

なぜイノベーションに挑むのか？（事業環境や既存事業の状況など）

WHY	背景 Background	なぜイノベーションに挑むのか？ （事業環境や既存事業の状況など）	
WHO	顧客候補 Customer Segment	顧客セグメントは誰にするか？ （既存顧客／新規開拓）	
WHERE	市場テーマ／領域／国 Theme	どのテーマ、マーケット、 国・地域に展開するか？	
HOW	価値提供形態 Value Scheme	どのように顧客に提供するか？ （モノ、コト、トキ、イミなど）	
WHAT	ビジネススキーム Business Scheme	構築すべきビジネススキームに 制約はあるか？	
WHEN	開始時期 Launch Time	いつローンチするか？	
HOW MUCH	事業規模 Business Scale	どれくらいの事業規模が 実現することを目指すか？	
WHICH	その他評価基準 Criteria	他にどのような評価基準があるか？	

※全項目を埋めるのではなく、条件として提示すべきもののみ

　とあるメーカーで、新規事業を推し進めていきました。メンバー同士で議論をした結果、我が社はこれまで「製品」を提供してきたが、やはりこれからは「モノからコト」であり、顧客に「体験価値」を届ける「サービス」を展開すべきだ、という結論に至り、Webサービスを開発することにしました。

　顧客インタビューを繰り返した結果、受容性もあることがわかり、事業計画のシミュレーションにおいても事業化の可能性が十二分にあることが判明しました。

　そして実際の開発に着手するために開発費の承認を得ようと経営層にプレゼンしたところ、「我が社はメーカーであるのだから、モノを作らないビジネスモデルには参入しない」と、一刀両断に却下されてしまいました。

　新規事業を創出するとしても、各企業において前提条件となる制約が必ず存在します。「それ先に言ってよ」という後出しで制約条件が出てくることは必ず起こります。経営層が新規事業に対しての制約条件を考えるときは「制約条件はありますか？」と聞いたところで想像するのは難しく、やはり具体的な事例を前にして初めて出てくるものであるからです。また、プロジェクト開始時に設定した制約条件であっても、経営層の判断は時と場合によって変化していくものです。

しかし、だからといって確認しなくても良いという言い訳にはなりません。制約条件は必ず確認しましょう。

私はこれらの制約を6W2Hのフレームワークで整理しています。すべてを埋める必要はありませんが、現段階でわかっていることは整理しましょう。またプロジェクトが進行し、提供価値やプロダクトの形が明確になる都度、制約条件もまた同時に確認するようにしましょう。

マイルストーンを決める

プロジェクトの進行計画を策定します。とはいえ、まだこれから始める段階ですから、細かいタスクにまで落とし込んだ進行計画を策定するのは難しいでしょう。

しかし、このプロジェクトが1年後に事業化を目指しているのか、3年後なのか5年後なのかによって諸条件が変わります。

まずは時系列でとにかく書いてみましょう。そして承認者と議論をすべきです。それを見せたとき、例えば「いや2年後には上市したい。そのスピード感で取り組んでくれ」という指示が出てくるかもしれません。

そうなると2年後に上市するためには、なるべく既存事業とのシナジーがあり、技術などの転用ができ、かつ既存顧客に販売する事業を創出するという制約が浮き彫りになります。スピードアップのためには自社だけでなく、私たちのような社外の事業創出パートナーと組んで人員・ノウハウ

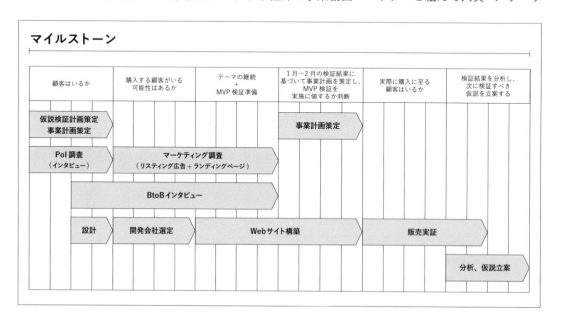

を補強することも選択肢に入れる必要があり、予算も膨らみます。

粗くてもいいからマイルストーンを引くことで、制約条件や要求事項が見えてくるのです。

プロジェクトチーム組成のコツ

最後に、プロジェクトチームの組成を検討します。現段階では、バイ・ネームで誰をアサインするかを明確にする必要はありません。プロジェクトにどの役割が必要かを明確にすることが重要です。

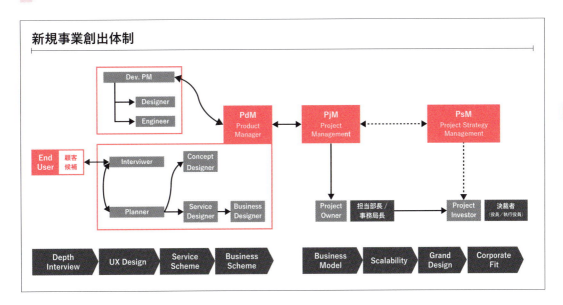

我々は組織図をピラミッド型ではなく、フラット型で定義しています。左側が「顧客候補」に向き合う役割で、右側が「決裁者」に向き合う役割です。

これから起こそうとしているのはイノベーションですから、顧客候補に向き合って本質的に求めている価値を明確にすることは重要です。一方、自己資金でやっているスタートアップではありませんから、我が社がその事業に取り組むべき理由としてのコーポレート・フィットを定義することも同時に重要です。それを行き来することを前提とするため、ピラミッド型ではなく、フラット型の組織図を描いています。

顧客と徹底的に向き合い、潜在的ニーズとしてのインサイトを浮き彫りにし、カスタマー・サクセス（顧客の真の成功）を実現することを目指すのがPdM（Product Manager）以下のチームとなります。Interviewerが顧客と直接向き合って定性情報を収集し、Plannerがそれを分析・構造化し、Concept Designerが提供価値を言語化し、Service Designerが顧客体験を設計し、Business Designerがビジネス・スキームを設計します。

彼ら彼女らのゴールは徹底的に「顧客の幸せ」です。コーポレート・フィットは一切考えずに、いわばスタートアップ的に徹底的に顧客に判断基準をおいて活動します。

一方で、PsM（Project Strategy Manager）は、承認者と向き合って、これから創出しようとしているプロジェクトについて、戦略的ポジショニングや、既存事業との接続を加味した本プロジェクトの成長戦略を明確にし、我が社にとってやる意味を定義します。ときには決裁者がノーと言ったとしても、意志を持って決裁者と対話を繰り返し、我が社にとってやる意味を言語化します。

PjM（Project Manager）は、大前提としてプロジェクトの進行管理を行っていきますが、PdM（顧客体験）とPsM（コーポレート・フィット）がぶつかり合ったときに、パーパスに意志を持った上で「決断を下す」役割となります。

この3つの役割を分けることにはもう1つの理由があります。経営層は何気なく「あの事業はリスクがあるからうまくいかないのでは？」「オレンジよりもうちのコーポレートカラーの緑にした方がいいのでは？」と思ったことを口にすることがあります。それが本当に何気なくのただの感想だとしても、サラリーマンにとっては上役からの業務指示と解釈しかねません。それを止め、正しく「カスタマー・サクセス」を実現することにフォーカスするために、直接的にPdM以下のチームにその声を届けるのではなく、PjMが取捨選択することが必要となるのです。

==スタートアップに例えるなら、さながらPjMが決断者としてのCEO、PsMが出資者と向き合うCFO、PdMが顧客と向き合うプロダクトを開発するCOO==と言えるでしょう。

この3つの役割がこなせる人はいません。スタートアップにも存在しません。3人寄れば文殊の知恵と言いますが、イノベーションに挑むチームはやはり最低でも3人から始めることが望ましいでしょう。

1人でスタートしてうまくいくケースはほとんどないと言い切っても過言はないかもしれません。もちろん、状況によっては1人で始めることになることもあるでしょう。その場合は、新規事業部門の部門長がPsMの役割を務めるなど、その一部でも組織の中で役割をカバーし合う体制を作ることが必要不可欠です。

INSPIRATION

着想

気づきを得て
妄想を広げる

第 3 章

1　1人の顧客像から事業テーマを絞り込む

3-1　軸となるコンセプトを設定する

　プロジェクトの前提条件が整ったら、次には事業アイデアの検討に進みます。しかし、ここでいきなり具体的なアイデアを出そうとしても、往々にして矮小なアイデアしか生まれません。私たちは誰しも「井の中の蛙」であり、自分の知っている世界や経験の範囲でしか発想はできないからです。斬新なアイデアを生むためには、越境した情報収集が欠かせません。

　越境とは、普段活動している業界や業務の枠を超えて、新しい視点やインプットを得るための活動を指します。これは単なる流行の観察やデータ収集にとどまらず、異業種や海外市場の成功事例、最先端の技術動向、さらには全く異なる分野の哲学や文化に触れることも含みます。多様な知見を取り入れることで、アイデアはより豊かに、そしてクリエイティブに発想する土壌が育まれます。

　具体的なアイデアの検討はもちろん必要ですが、その前に大切なのは「コンセプト」と「顧客像」を明確にすることです。コンセプトとは、プロジェクト全体の核となる理念や価値観であり、事業の方向性や哲学を示すものです。そして、顧客像とは、そのコンセプトが誰に向けられているかを具体化したものです。これを明確にすることで、プロジェクトの軸が定まり、アイデア出しや検証、さらにはピボットを行う際にもブレない方針を保つことができます。

　アイデア自体は、今後の検討過程で何度もピボット（方向転換）を繰り返すことになるでしょう。このとき、明確に定めたコンセプトと顧客像が「軸」となり、方針転換において重要なガイドラインとなります。軸を持たないアイデアは、時に迷走し、事業としての持続性や一貫性を失う危険性があるため、この段階での軸設定は極めて重要です。ピボットとは、バスケットボールの用語から借用された言葉です。ボールを持つプレーヤーが片足を軸足として固定し、もう一方の足を動かしてポジションを変えるステップを意味します。ビジネスにおけるピボットも同様に、軸となるコンセプトを保持しながら、周囲の状況に応じてアイデアや方針を柔軟に変更することを指します。

　イノベーションの成功においても、ピボットを繰り返しながらも、しっかりと定めた軸に基づいて方針転換を行うことが鍵となります。

　本章では、事業アイデアの検討において最も重要な「軸」としての「コンセプト」と「顧客像」を明確にするステップを解説します。

3-2　世の中の変化をリサーチし、テーマ領域を仮決めする

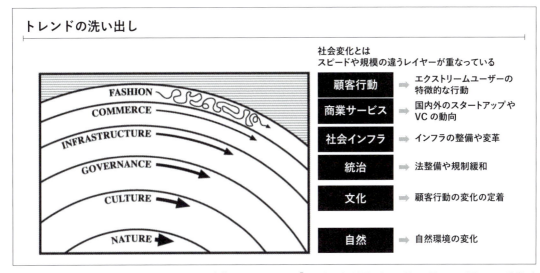

出典：Stewart Brand「The Clock Of The Long Now: Time and Responsibility」

　まずは、多角的なリサーチから"世の中の流れ"を捉えていきましょう。自身が考えているアイデアに、すでに取り組んでいるスタートアップはいないか。周辺ではどのようなスタートアップが活況となっているか。VCの資金調達を多く集めているマーケットはどのようなものか。その前提となる背景情報として、どのような顧客のトレンドがあるか。社会情勢はどう変化しているか。影響を受ける法律はあるか。大学ではどのような技術が研究され、論文や特許となっているか。幅広い観点から情報収集を行いましょう。

　ハンバーガーショップのケースでは、例えばリサーチの結果、飲食事業において「地球環境に優しい商品のニーズ」があることがわかったとします。この流れを踏まえて、以下のようにテーマ領域を仮設定していきます。

【テーマ領域】サステナブルな飲食事業
【事業コンセプト】食べれば食べるほど地球が再生していく"リジェネラティブ"な飲食事業
【エンドユーザー】環境意識が高い"牛肉好き"

　この後さらに深掘りをして調査をしていくので、ここでは仮置きとして設定します。

多角的なリサーチから世の中の流れを捉え、テーマを絞り込んでいく

テーマ領域における最新のトレンド、特に顧客の行動変化やスタートアップの取り組み状況、社会環境や法整備などの変化などを捉えて、テーマを絞り込んでいく。また同時並行で専門家へのインタビューや書籍・論文の査読、エンドユーザー候補へのサウンディングも行い、事業可能性のある領域を見定める。

テーマ領域：「サステナブルな飲食事業」に設定

トレンド情報から、テーマ領域を絞り込む。具体的なアイデアに落とし込む前の段階のため、可能性がありそうと直感・直観に基づいてテーマを設定し、仮置きをする。

**事業コンセプト：食べれば食べるほど
地球が再生していく"リジェネラティブ"な飲食事業**

大きなテーマから、事業コンセプトに収束させる。アイデアに近しいものだがプロダクトやサービスという具体的なものではなく、まずは抽象度の高い"コンセプト"を決める。

エンドユーザー：環境意識が高い"牛肉好き"

事業アイデア（サービス）の種となるコンセプトに共感するエンドユーザー像を、サウンディングした中から仮置きで定義する。

第3章 気づきを得て妄想を広げる

061

ここで注意すべき点があります。情報収集した上で、新しいアイデアを考えることは大切なことですが、顧客の課題にあまりにも集中しすぎないようにしましょう。昨今、新規事業やイノベーションにおいては、誰しもが「顧客の課題」へフォーカスすることの重要性が広く認識されています。しかし、デスクリサーチレベルで収集できるのは「顕在化した課題」だけです。すると、その顕在化した課題を解消するため"だけ"のアイデアとなってしまいます。それはすでに誰かが取り組んでおり、世の中にプロダクトやサービスが出ていることでしょう。または矮小なアイデアとなってしまってしまいます。

イノベーティブな発想を生むためには、顧客の課題だけにとらわれず、もっと多角的に、もっと俯瞰的に情報収集することが重要です。

くれぐれも「顧客の課題」に引っ張られすぎない——このことを覚えておきましょう。イノベーションは閃きと衝動から始まる——これは、著書『デザイン思考が世界を変える　イノベーションを導く新しい考え方』(ティム・ブラウン著、早川書房)で紹介された著名なフレーズです。「閃き」とはイノベーティブなコンセプトアイデアであり、「衝動」とはそれを絶対に実現させるのだという心身を底から突き動かされる強いエネルギーです。

それは、根底からエンドユーザーの生活を"想像もできないステージ"に引き上げるものでなければならないのです。だから「顕在化した課題」にあまりにも向き合いすぎることは良いことでは

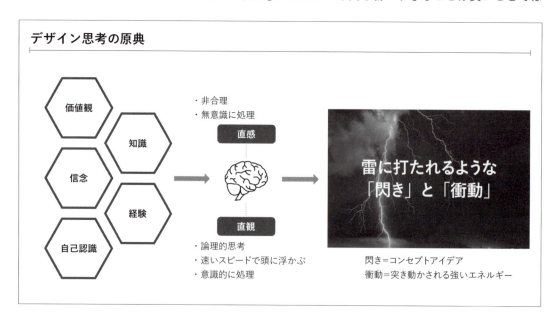
デザイン思考の原典

ないのです。

　スティーブ・ジョブズの伝説のスピーチの一節「コネクティング・ザ・ドッツ（点と点を繋ぐ）」も、新規事業のアイデアを生むための重要なヒントになります。スティーブ・ジョブズは大学を中退したのち、カリグラフィーの授業に潜り込んでいました。そこで文字の美しさを知ります。しかしそれは目的を持っていたものではありませんでした。その後、スティーブ・ウォズニアックとともにApple社を創業し、「Apple Ⅱ」を開発した際、パソコンに映し出された文字を見て、「何と美しくないのだろう」と感じ、そこから美しい文字をコンピューターに映し出すというコンセプトを思いつきます。そして、大学のカリグラフィーの授業を思い出し、現在では一般的に使われている「フォント」という概念に辿り着くに至ったのです。

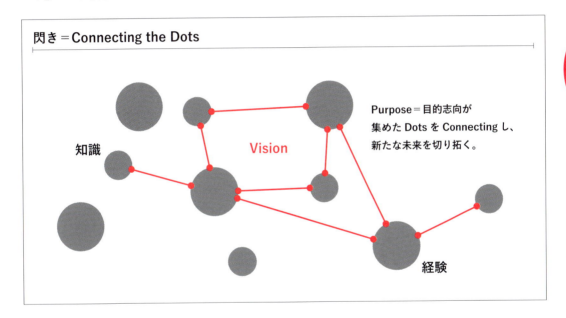

　ここで重要なことは、アイデアが閃くまでの順番です。まずは、目的もなくあらゆる情報や知識をインプットすることから始めます。その後、実際のプロジェクトを進めながら、特定の目的としてビジョンやパーパスが設定されたとき、その実現に役に立つ過去の経験や知識が自ずと浮かび上がってきます。**過去に集めた点（ドッツ）が繋がって（コネクティング）新たな未来を切り拓くのです。**

　このコネクティング・ザ・ドッツをすることこそがまさに「閃き」なのです。イノベーションに向き合い、「さあアイデアを考えるぞ」という瞬間よりもずっと前に、来たるべきときのために常日頃から知識や経験を蓄えておくことが閃きのためには重要なのです。

2 顧客の情報を整理する

3-3 顧客の感じている課題に触れる

　顧客の課題にとらわれすぎない重要性を説きましたが、顧客が課題を感じていなければ、顧客はお金を払わず、ビジネスにはなりません。「閃く」ためには顧客の課題にも触れることが重要です。

　顧客の課題への理解が浅いと、実際に世の中に出してから誰も使ってくれない的外れな新商品を開発するリスクがあります。顧客の課題を整理する際には、「ペインか、ゲインか」を分類すると、解像度高く顧客の課題を理解することができます。

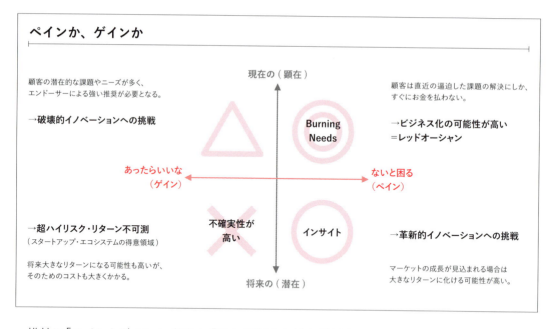

　横軸に「ペインとゲイン」、縦軸に「現在（顕在）と将来（潜在）」を設定します。ペインとは、「ないと何らかの痛みが発生すること」です。ゲインとは、「あったら何らかのメリットがあること」です。調査した顧客の課題をこれによって分類してみましょう。◎○△×は事業化容易性の評価ですが、

単純に事業化が容易であるかどうかだけで判断すべきではありません。この点を詳しく見ていきましょう。

顕在的なペイン

　右上が「顕在的なペイン」です。シリコンバレーでは「バーニングニーズ（Burning Needs）」と呼ばれており、「ないと困る」ことがすでに顕在化しています。例えば、建物に火がついて今すぐ消さないと命の危険があるという状況で「水が必要ですか？」と聞いたら、全員が「今すぐ必要です！」と答えるでしょう。

　バーニングニーズの領域ではペインが明らかなため、当然顕在なニーズがあります。そのためビジネスになる可能性がとても高いのですが、顕在化されているため当然多くの競合が参入し、レッドオーシャンになっています。激しい価格競争にさらされ、「最も安く提供する人」が勝つ傾向があります。==健在的ペインは、自社が取り組んだら先行プレイヤーよりも圧倒的に資金力や物量で勝てるという確信がある場合を除いて、新規事業として取り組むことは避けた方が良いでしょう。==

潜在的なペイン

　右下は「潜在的なペイン」です。顧客はペインには気づいていません。しかし間違いなくペインがあります。これが「インサイト（Insight）」という領域です。潜在的ニーズこそがインサイトなのです。シリコンバレーではこれを「私だけが気づいた真実」と表現します。つまり、この市場はブルーオーシャンなのです。ここから本当にフィットするプロダクトやサービスのアイデアに繋げることができれば、大きな市場を創造することができるでしょう。

　逆に弱みとなるケースなどもあるため、ここで外部環境も分析します。なぜならば「ニーズ」が「潜在的」であるからです。潜在的なニーズを顕在化させなければ、顧客が「買う」という意思決定をすることはありません。そのために広報やプロモーションなどのマーケティング活動をしっかり行うなど、時間やコストをかける必要があります。顧客が、自身の中に眠るニーズを自覚し、顕在化できた瞬間に、商品購買が加速し、マーケットの１人勝ちの状態を実現できるのです。==潜在的ペインは、ファースト・ムーバー・テイクス・オールとなる可能性が高いため、極めて新規事業的であり、なるべくスピーディーに上市することを目指しましょう。==

顕在的なゲイン

　左上の領域は「顕在的なゲイン」です。確かにニーズはありますが、必要に迫られていないので積極的には購買してくれません。顧客インタビューでは欲しいと答えてくれているのに、まったく売れません。例えば、ダイエットをしたい顧客に対し、具体的に痩せる方法を目の前に示してもお

金を払ってくれないケースです。ダイエットをしたいというニーズは強くあるのに、顧客は怠惰な方に流れ、自発的には動いてくれません。この場合の「ダイエットをしたい」はペインではなくゲインなのです。

健在的ゲインで購買してもらうには、顧客に影響力のあるエンドーサー（推奨者）による強い推奨が有効です。顧客の行動を誰かに促してもらうのです。自発的には動けない場合、行動動機を外に置くのです。

顧客が患者の場合なら、エンドーサーは医師や家族になります。基本的には、患者であれば医師のアドバイスを信頼します。もし、医師が「このサプリメントは医学的にも効果が証明されているので飲んでみてください」とすすめたら、購入に至る可能性が高くなるでしょう。命に関わる病気であっても、患者自身が行動変容を起こすのは難しいものですが、家族が強く心配していたり、強制力を働かせたりすれば、行動変容を起こせる場合もあります。

潜在的なゲイン

左下の領域は「潜在的なゲイン」です。iPhoneは、この領域で起こったイノベーションだと言えます。iPhoneが出る前からスマートフォンは世の中に存在しましたが、マーケットを作れていない状況でした。そこにiPhoneが登場しました。

発売当初は一部のコアなAppleファン層だけが使っていましたが、その後、一般の方々に広まり、iPhoneは世界を変えるに至りました。iPhoneは携帯電話というより、超小型PCです。iPhoneの登場によって、人々は世界中どこにいても手のひらサイズのPCを使えるようになったことはまさに革新的です。

もしスティーブ・ジョブズが課題から始めていたら、物理的なボタンをなくすことはなかったでしょうし、画面をタッチする操作性も実現していなかったでしょう。iPhoneには技術的な革新性はありませんでした。むしろ一昔前の枯れた技術がふんだんに使われています。革新的だったのは「目を喜ばせる」ことと「時間をうまく使う」こと。例えば、あのぬるっと滑らかに動く画面の移動は、実はあの動きをなくすと次の画面を読み込むための待ち時間が発生し、それが一瞬であっても人間には違和感となります。iPhoneはそこにぬるっと滑らかに動きをつけることで、待ち時間を感じなくさせました。ハードウェアにおいてもソフトウェアにおいても、圧倒的なユーザーインタフェースを実現したからこそ、Appleは革新的な存在になったのです。

スティーブ・ジョブズは「iPhoneが世界を変える」と信じ、iPhoneのコンセプトを打ち立てました。あらかじめ定めた外観や操作の実現を妥協せずに追い求めた結果が今に至るのです。そしてその実現のためにたくさんの時間や資金を投入し続けました。しかし当時は、誰もこのような未来が来るとは予想していませんでした。社内の人間も、株式マーケットも、ユーザーもです。ジョブズだけ

が未来を見つめていたのです。

　このように「潜在的ゲイン」の領域は非常に不確実性が高く、超ハイリスクな挑戦領域です。いくら大量の資金と多大な時間を投資したとしても、回収できる見込みはほとんどないと言っていいでしょう。リターンが予測不可能な状況であっても、大資本を投入してアクセルを踏まない限り、イノベーションは起こせません。もちろん、その代わりにイノベーションを起こしたときのリターンはとても大きくなります。**潜在的ゲインは、ボトムアップ（現場からの発案）でのイノベーションには向いていません。**

　しかし、NTTドコモ（当時）の「iモード」は、ボトムアップでのイノベーションに成功しています。携帯電話に世界で初めてインターネットを搭載し、社会現象を起こし、インターネットの普及の一助となりました。NTTドコモの売り上げにも大きく貢献しました。スティーブ・ジョブズも、日本に来てiモードを見て、iPhoneの構想を描いたと言われています。これらはボトムアップからの発案でした。にもかかわらず、大きな投資を決断した当時の経営層がいかに未来を見据えていたかが伺えます。

　情報収集した顧客の課題を整理・分類した上で、自社で取り組む新規事業の領域を見極めて戦略を練ることが大切です。そして、それぞれの領域の特徴を抑えながら、自社でどこまでのリスクをとれるかを判断しましょう。

3-4 集めた情報を整理すると、コネクティング・ザ・ドッツが加速する

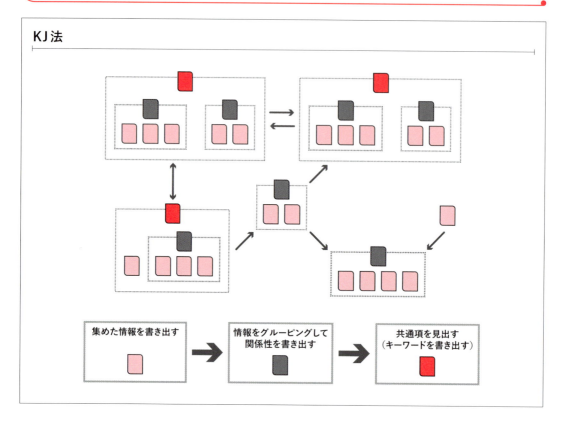

　トレンドや顧客の課題などの多くの情報を集めることの重要性を述べてきましたが、当然のことながら乱雑な情報のままでは新しい事業アイデアは生まれません。

　乱雑に集めてきた情報をしっかりと整理することで、情報に価値が生まれ、インサイトが発見できます。

　集めた情報を整理するのに有用な方法は、KJ法です。KJ法は、文化人類学者の川喜田二郎氏（東京工業大学名誉教授）がデータをまとめるために考案した手法で、そのイニシャルに因んでいます。データをカードに記述し、カードをグループごとにまとめていくことで、「創造的問題解決」に効果があるとされています。

まず、集めてきた情報を一覧できるようにテーブルやホワイトボードに並べます。そして、関連性のある情報を1つにまとめ、グルーピングした情報にカテゴリー名をつけていきます。さらにグループごとの関連性や時系列、対比などを重ねていきながら、解くべき問題や捕まえるべきトレンドを明確にしていきます。新たに思いついた情報はどんどん追加していきます。

KJ法は1人で取り組むよりも、複数人で共同作業やグループワークで行うのに向いています。最終的に整理した結果はもちろんのこと、作業過程においてアウトプットが視覚的にまとめられていくことで、情報共有や意識合わせなどができます。

もちろん、KJ法で情報を整理したからといって、良いコンセプトやアイデアが生まれるわけではありません。「必ず新規事業アイデアが思いつく絶対的な方程式」というものはないのです。

この整理するプロセスを通じて、情報を棚卸しし、整理しながら、個々人の信念や価値観に基づいて、それらを俯瞰することで、目指すべき世界を表すキーワードが詳らかになってきます。それを掛け合わせたり、足し引きしたりしながら、少しずつコンセプトを練り上げていきます。

かつて高齢者の介護問題をテーマにした新規事業に取り組んだ際に、KJ法を用いてコンセプトを作成しました。

医療費不足や労働介護、ヤングケアラーの問題などの情報を集めていたときに、ふと「現代版姥捨て山」というキーワードが浮かびました。これは、お年寄りは厄介者という意味ではありません。飢饉の際に若者の食料を確保するために親を担いで山に捨てたという話ですが、そこには自ら尊厳を持って死に向かうというお年寄りの自発的な側面があったと言われています。そこから、送り出す子供も後ろめたさがあり、本人も内心は嫌々行く介護施設ではなく、自ら進んで行く介護施設が作れないかという方向性を見出しました。

社会保障制度は、人類が未来のために考案した素晴らしい叡智です。しかし、社会保障があるから何もしなくて良いと考えるお年寄りが増えているとしたら、これは大きな課題です。その結果、認知症の方が増えて要介護者も増えるというのは悪循環でしかありません。私は現代版姥捨て山とキーワードを変換して、「お年寄りのためのユートピアを作る」というアイデアを考えました。お年寄りが生きているだけで社会に貢献でき、自尊心も育まれ、誇らしい気持ちで介護を受けられる街を作れたら最高だと考えたのです

このように、**集めた情報をグルーピングしながら、抽象的で独創的なキーワードを見つけ出すこと**が大切です。そのキーワードは必ずしも盤面から浮かばなくても構わないのです。童話や逸話、学者の定義、哲学など、幅広い分野から引用しましょう。独自の視点での言葉の定義によって、イノベーションの物語が紡がれていくのです。

3-5 幸せにしたい顧客を定義する

ペルソナは作らない

名前		家族構成		ビジュアルイメージ
性別		居住地住居		
年齢		趣味		
学歴・職業		休日の過ごし方		
収入・貯金		好きなモノやメディア		
担当している主な業務		チャレンジしていることや目指しているゴール		
悩んでいること		検索しているキーワード		

妄想で作るペルソナは実在しない！

サウンディング
かしこまらずに気軽な雑談

　新規事業のテーマを決めたら、次は幸せにしたい顧客を定義します。ビジネスにおいて、顧客ターゲットは必ず存在します。そして、それは「個人」である必要があります。toCはもちろん、toBの場合も窓口となる担当者や意思決定の上長、購買部門の担当者など、個人がそこに存在します。それが誰かを明確にしましょう。

　この際、これまでの新規事業プロジェクトでは「ペルソナを作りましょう」と言われてきました。ペルソナ設定とは、顧客の属性、名前、性別、家族構成、居住地、年齢、趣味などを具体的にし、ターゲット顧客を明確にする作業です。

　しかし、私はこのペルソナ設定に対しては否定的です。なぜならばペルソナ設定をしろと指示を受けた担当者の多くは、妄想で項目を埋めているからです。

　その場合は20代男性、30代主婦など、漠然とした属性を記しています。実在もしない、漠然としたペルソナでは、「この人を幸せにしたい」とまで感情移入することは難しいです。イノベーションにおいて重要なことは、徹底的に顧客と向き合うことです。向き合う顧客が実在しない妄想であれば、インタビューもままなりません。明確に「誰」という実在する人物を設定することが重要です。

例えば、一昔前なら「30代男性」＝「結婚して子供が生まれて、少し都心から離れた郊外に住んでいる」など、年齢でカテゴリー分けしても属性が近くなる傾向がありました。しかし、現在では多様化が進んでおり、同じ年齢や性別でも状況は以前とは異なります。同じ「小学校1年生の父親」であっても、20代から50代まで幅広い年代がいます。属性で整理する「デモグラフィック」だけだと、ピントがズレる可能性が高くなります。「小学校1年生の子供がいる父親」というシチュエーション（状況）で整理する「サイコグラフィック属性」で分類した方が、ターゲット顧客の設定としては的確です。そして、「保育園から小学校1年生に上がると子供が午後3時に帰宅する。共働き夫婦だと子供が家に1人になるので困る」などのシチュエーションをスムーズに想定することができます。

　より解像度高くターゲット層を見据えるためには、項目を妄想で埋めたペルソナではなく、実在する人物を設定するべきです。そのためには、実在する人物に会いに行かなければなりません。そこで行うべきなのが「サウンディング」です。
　「インタビュー」ではなく「サウンディング」という異なる言葉を使っているのには意味があります。似て非なるものだからです。インタビューは仮説が先にあり、その仮説の正しさを確認する作業です。聞き手に明確な意図や欲しい情報があり、そのために質問を繰り返していきます。一方、サウンディングでは仮説は持たず、ただ顧客の話を聞いていきます。聞き手に明確な意図はなく、顧客の実情を把握することに重きを置くため、即興で質問を繰り返していきます。
　なぜこの時点ではサウンディングが適しているのでしょうか？　そもそも、新規事業のテーマ領域が決まった段階では、仮説を立てていたとしても、それはかなり漠然としたものです。この時点で**その漠然とした仮説に基づいてインタビューをすると、誤った方向に確証バイアスを持ってしまう恐れがあります**。確証バイアスとは、自分の思い込みや願望を強化する情報ばかりに目が行き、そうではない情報を軽視してしまう傾向のことです。プロジェクトが誤った方向に進んでしまうことにも気づかずに暴走してしまうでしょう。そのため、まずは先入観なしにユーザーの話を聞いてみるサウンディングが適しています。実際にサウンディングを行うときは、かしこまらずに気軽な雑談を心がけてください。
　また雑談をしやすくするために、サウンディングする対象者は「機縁法」という方法で選定します。これは、最初の対象者を知り合いから選び、その対象者から同じ状況や価値観を持つ知り合いを紹介してもらい、サウンディングを重ねていく方法です。このアプローチは、「気軽な雑談」を行うのに非常に効果的です。
　最近ではGoogle FormsやMicrosoft Formsなどでアンケートフォームを作成し、リンクをSNSなどで投稿することで、効果的に対象者を集めることもできます。

集めたアンケートの中から気になった意見を抽出し、書いた人に直接話を聞きに行きます。アンケートではその人の価値観を浮き彫りにするために、自由回答の質問をなるべく多く設けます。
　また、どうしても対象者が見つからない場合や数が少ない場合には、サウンディングの他に、ソーシャルハントという手法も活用します。これはSNSやインターネット上で顧客の実情の情報を拾う方法です。例えば、X（旧Twitter）やYahoo!知恵袋、5ちゃんねる、ガールズちゃんねる、ママリなど、人々が匿名で愚痴や不満を言ったり、相談しているサイトは非常に有益で、情報の宝庫です。これらは新規事業に限らず、既存事業であっても自身のビジネスに関連した情報は常日頃から追いかける癖をつけると良いでしょう。いずれにしてもイノベーションのアイデアが生まれやすくなります。

　当然、実際に会って話を聞くことほど、有益な情報が得られることはありません。ターゲット顧客の行動を理解でき、思考が明確になり、意思決定がどのように行われているかを知り、その裏側の価値観に共感することができます。ここに課題解決のヒントやインサイトが多く含まれています。また同時に自分たちの妄想や想定が間違っていることに気づく機会にもなります。==手間を惜しまず「会う」ことを心がけましょう。==
　サウンディングの対象者は、最低でも5人いれば十分です。5人会っても想定していた状況になければ、想定が間違っている可能性が高いため、ピボットが必要となります。多くても20人程度で良くサウンディングの段階で数十人や数百人に聞きに行く必要はありません。この段階では、あくまで可能性がゼロではないかを確認しているので、少ない人数へのサウンディングでも問題ないのです。
　このように、==幸せにしたい顧客を決め、顧客の具体的なシチュエーションを想像することができれば、その先で顧客の幸せに繋がる商品やサービスを開発し、世の中にイノベーションを起こせる可能性が出てきます。==

3-6 顧客の未来がどう幸せになるかを妄想する

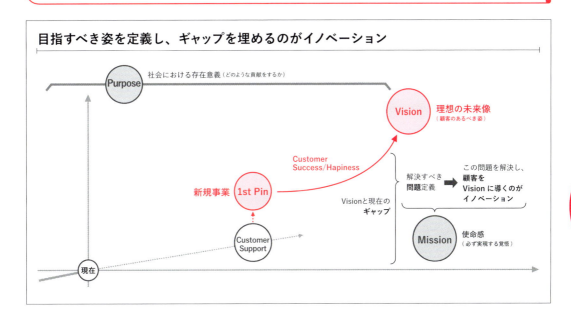

対象となる顧客が決まったら、次に取り組むべきは、「顧客をどんな幸せな未来に連れていきたいか」を具体的に描き出すことです。この作業は、新規事業やイノベーションにおいて極めて重要なステップです。なぜなら、未来を描くことは、単に現状を改善するための計画を立てることとは異なり、顧客が経験したことのない、新しい価値を提供することに直結するからです。

ここで注目すべきは、描くべき未来が「予測可能な未来」ではなく、「予測不可能な未来」であることです。つまり、過去の延長線上にある未来ではなく、顧客がこれまで経験したことのないようなジャンプアップした未来を描くことが求められます。このジャンプアップの度合いが強ければ強いほど、その未来はよりイノベーティブであり、他にはない独自の価値を持つものとなります。

顧客が抱えている現状の課題やニーズを超え、彼らがまだ気づいていない潜在的な欲求や夢を引き出すことが大切です。たとえば、従来のサービスが提供する解決策の延長ではなく、まったく新しい視点から顧客の未来を再構築します。未来のビジョンは、収集した情報やサウンディング結果をそのまま反映させる必要はありません。むしろ、これらを基にして、あなた自身の価値観を反映させた「本来この顧客はこうあるべきだ」と感じる理想の未来を独自の視点で描くことが重要です。自らの価値観や信念に基づいて、顧客にとって最も望ましい未来を定義するのです。

たとえば、顧客が現状に満足している場合でも、あなたが「彼らにはもっとこういう未来がふさわしい」と感じるのであれば、それがビジョンになります。そして、そのビジョンに対して「なぜ今はそうではないのか」という疑問や忸怩たる思いが強く感じられるのであれば、それは非常に良い兆候です。それは、あなたが顧客に対して深い共感を持ち、彼らの未来を本気で変えたいという強い意志を持っていることを示しているからです。

　このプロセスが「アート思考」です。アート思考とは、社会や世界を自らの価値観に基づいて独自の視点で再定義し、その新しい視点を基にして社会を変えようとする思考法です。イノベーションは、まさにアートと同様の創造的なプロセスなのです。アートが従来の価値観や常識を覆し、新しい視点を提供するように、イノベーションもまた、顧客や市場の既成概念を超えて新しい未来を創造するものです。

　昨今、多くの企業で「ビジョン」が重要だと強調されています。しかし、ビジョンという言葉は人によって解釈が異なるため、具体的に何を目指しているのかが曖昧になりがちです。その結果、組織内で目指すべき方向性が一致せず、リソースの無駄遣いや努力の分散が生じるリスクがあります。そこで本書では、ビジョンを「顧客の理想の未来像」「顧客のあるべき姿」として定義することを提案します。これにより、ビジョンが抽象的な概念ではなく、具体的な行動指針として機能しやすくなります。

　重要なのは、ビジョンを外部の情報源や他人の言葉から借りてくるのではなく、自分自身の言葉で定義することです。自らの言葉でビジョンを定義することで、そのゴールを達成するための使命感や責任感が自然と湧き上がってきます。これがまさに「ミッション」であり、ビジョンを実現するための原動力となります。また、そのビジョンを実現することによって社会に与える影響や意義が「パーパス」となり、事業や活動の根幹を支える重要な要素となるのです。

　このようにして描かれたビジョンは、単なる目標設定とは異なり、顧客や社会に対して強力なインパクトを持つものであり、企業や組織が進むべき方向性を明確に示すものとなります。そして、そのビジョンを実現するためには、継続的な努力と情熱が不可欠です。最終的には、このビジョンに基づいた行動が、新しい価値を創造し、社会に大きな変革をもたらすことになるでしょう。

3-7　顧客の「問題」を定義し、改めて達成する課題を設定する

トンボロ的新規事業の大和リビング「IoT D-ROOM」

インターネット使い放題の
「D-ROOM Wi-Fi」と
「AIスピーカー＆マルチリモコン」
がセットになったサービス

入居者は スマホアプリで
家電の操作や制御が可能に。
家電別の電力使用量の見える化も実現

ありたい姿としてのビジョンが定義されると、現在とのギャップが見えてきます。これが「解決すべき問題」です。

ここで、問題と課題の違いを明確にしておきましょう。問題とは、目標と現状の間にあるギャップのことで、解決するもの。課題とは、問題を解決するためにやるべきことで、達成するもの。ここには大きな違いがあります。

顧客課題を収集することはもちろん重要ですが、それを解決することに動いてはなりません。顧客課題を収集した結果から、ビジョンを明確にすることで、初めて解決すべき問題が定義されます。これこそが「潜在的ニーズ」たる「インサイト」なのです。

解決すべき問題を詳らかにした上で、顧客課題との関係性を、要因・真因と構造化し、整理することで、どのようなソリューションとしての提供価値があるのかが明確になり、アイデアの具体化へと進むことができます。

弊社クライアントである大和リビングの「IoT D-ROOM」を事例に紹介しましょう。大和リビングは、賃貸住宅の管理戸数ランキングでは日本国内で3本の指に入る会社です。同社では、小売電

気事業者と一括で契約し、入居者に電気配給サービスを提供しています。当時、入居者の電力利用が想定以上に増え、入居者負担の軽減が課題でした。また、本業の賃貸物件管理以外の収益を生み出す必要がありました。

　そこで、グランドデザイン思考により様々な可能性を模索し、駅近、新築、南向きなどのこれまでの賃貸住宅の「モノサシ」に新たな指標を設けようという話になりました。例えば「家賃を無料にする」という大胆なビジョンを提案しました。もちろん、これは現在の常識からは考えられないですし、一見無謀とも思える理想の状態です。しかし極端なほどに大きな夢物語だからこそ、それが制約となってアイデアが次々と創出されました。

　ファースト・ピンとして実現したのが、「IoT住宅」です。各部屋にまず分電盤に設置した電力センサー（分電盤に設置することで、住宅全体の消費電力量から個々の家電製品の消費電力量を推定する）を設置します。その上で、IoT機器を入居者に負担なく設置し、スマートコントローラーで自動で遠隔操作する形をとりました。これにより、例えばエアコンの温度調節を自動制御したり、人のいない部屋の電気を自動で消灯することが可能となりました。そのため節電を可能としたのです。

　さらに入居者向けのECサイトとも連動しました。IoT機器が導入されているので、一定程度生活様式を推定することができ、その結果に基づいてレコメンドを行いました。例えば、家電の買い換えタイミングを察知して、その家庭にベストな家電を紹介するといったことです。当然広告宣伝費がかからないため、量販店並に安く購入ができるなど、入居者にもメリットがあります。

　このように既存事業とも繋がるビジョンをグランドデザイン思考によって描けば、既存事業の課題に向き合いながら、新しい売上を創出することが可能です。一見実現不可能とも思える「家賃を無料にする」という妄想によって描かれたビジネスプランです。

　「現在を否定し、未来の当たり前を作る」ことを意識し、新しい価値観でビジョンを描けば、イノベーションは必ず成すことができます。

INSPIRATION

着想

コンセプトを描き、アイデアを創出する

第 4 章

1 コンセプトが企業の成長エンジンとなる

コンセプトを具現化

概念を具現化し、クリエイティブでその世界観を形にすることで、チームメンバーおよび決裁者との共通認識を図る。キャッチコピー、ステートメント、キービジュアル、サービス名、など。

にくらしいほど肉にくしいスマイルハンバーガーだが、これにはヴィーガン、ベジタリアン、植物原料のハンバーガーといった言葉よりも、生活者価値の拡充を表現した。スマイルバーガーの肉は植物からできているが、ヴィーガンをターゲットとしたわけではなく、環境意識が高い"牛肉好き"を満足させることである。

4-1 妄想を「事業コンセプト」に変える

　ここまで「妄想」「閃き」「コンセプト」「ビジョン」、そして「想定顧客」などを設定してきました。ここからはアイデアをより具体的にするために、「事業コンセプト」への落とし込みを行います。第3章でもコンセプトの設定を行っていますが、これをより具体性を高め、解像度を上げていきます。

　コンセプトを描く方法をハンバーガーショップの例で説明しましょう。ここでは第3章で描いた抽象度の高いコンセプトから、具体的に「ミッション」「パーパス」「ビジョン」を作ります。

　ミッションでは、ビジネスにおける「使命」を言語化します。
　例）【ミッション】生活価値を拡充し、世の中の幸福度を上げる

次にパーパスは、我が社の存在意義、社会に対する提供価値を描きます。
例【パーパス】食物生産における動物を不要にし、地域環境にも優しくなれる社会

そしてビジョンは、エンドユーザーのあるべき未来像を言語化します。
**例【ビジョン】健康、気候、環境を気にせず、後ろめたさを持たず、
　　　　　　　心の底から楽しめる未来**

以上のように、言語化することで、コンセプトが明確になっていきます。

ここで一度クリエイティブを作成します。イメージ写真とキャッチコピーを作成し、ポスターを作成してみましょう。
　デザイナーやイラストレーター、コピーライターがいればもちろん理想ですが、このタイミングでは「綺麗に、美しく」よりも、チームメンバーで認識統一を図るため、雑でも粗くても構いません。特にエンドユーザーに対する「提供価値」を明確にすることが重要です。

　例に挙げたハンバーガーショップでは、これまでのディスカッションで抽出したキーワードを参考に、「にくらしいほど、肉にくしい」というコンセプトキーワードを創出しました。
　遊び心を発揮しながら、「型を壊す創造」を楽しんでディスカッションしましょう。メンバー全員でホワイトボードに書き出し、整理しながら、フィットするものを選び出しましょう。
　コンセプトやクリエイティブが決定したら、それを軸にさらに事業アイデアを具体化します。このハンバーガーショップは「肉にくしい」の文字通り、まるで「肉以上に肉のようだが、肉ではない」がテーマですので、「肉を使わずにいかに肉に近い味や食感を出せる素材を選ぶか」が大切になります。

　このように、**コンセプトを決めると、ここから先に収集すべき情報が良い意味で限定的かつ具体的になっていきます。**

4-2 ビジョンを明確に設定する

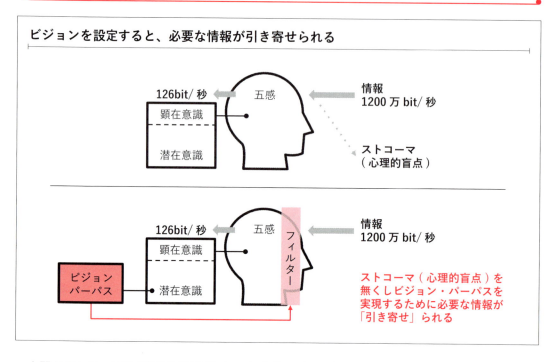

人間の脳には、RAS（網様体賦活系）という非常に重要な部分があります。このRASは、私たちが日々受け取る膨大な情報の中から、必要な情報と不要な情報を区別し、適切に処理するためのフィルターの役割を果たしています。一説によると、RASは1秒間に約1200万bitもの情報を処理し、その中からわずか126bitの情報にまでフィルタリングしているとされています。つまり、私たちが普段認識している情報は、そのごく一部に過ぎないのです。

ビジョンを明確に設定することで、このRASのフィルター機能が自動的に活性化され、目標達成に必要な情報のみを取り入れ、それ以外の情報は自然と捨てることができるようになります。無駄な情報に惑わされることなく、効果的に目標達成に向けた行動をとることが可能になります。RASの機能を最大限に活用するためには、まずは自分が掲げるビジョンやパーパスを具体的に設定し、そのビジョンに対して強い意識を持つことが重要です。ビジョンをしっかりと持つことで、脳が自動的に必要な情報をキャッチし、自然と行動が目標達成に向けて整っていくようになります。

ただし、このビジョン設定は単なる希望や目標と混同しないように気をつけるべきです。ビジョンは長期的で持続的な方向性を示すものであり、その過程で自分の価値観や使命感を反映させます。短期的な利益を追求するのではなく、長期的に自分がどうありたいのか、社会にどのような影響を与えたいのかを意識して設定することが、より強い効果を発揮します。

　ここからさらに進んで、デスクリサーチだけでなく、一次情報の収集にも取り掛かります。ターゲットとなる顧客や業界の現場に足を運び、実際に自分の目で状況を確認し、直接対話することで得られる情報は、机上の調査では得られない具体的なインサイトをもたらしてくれます。特に、**ユーザーや顧客との対話は、彼らの潜在的なニーズや課題を深く理解する上で非常に重要です**。このように、実際の現場で得られる情報は、新規事業の成功に不可欠な要素となります。

　一方で、全ての情報を自分で調べるのは非常に労力がかかり、時間やコストの面でも非効率です。そこで、すでにその領域に精通している専門家に助言を求めることで、労力や時間を大幅に節約し、効率よく必要な情報を集めることができます。スタートアップに限らず、大企業においても、このような効率的な情報収集のアプローチは、リソースの限られた中で成果を最大化するための重要な戦略となります。

　例えば、学者や専門書の著者、すでにその領域に取り組んでいる社内起業家、スタートアップの経営者、VC（ベンチャーキャピタル）などの専門家に直接話を聞きに行き、直接的な対話によって情報や知見、デスクリサーチでは得られない深い洞察を得ましょう。

　ただし、専門家の言葉をそのまま鵜呑みにするのは危険です。たとえ専門家であっても、その見解はあくまで「その人の経験や知識に基づいた結論」に過ぎません。特に、専門家が語ることは現在の常識に基づいていることが多いため、それが未来のニーズを満たすかどうかは別の問題です。むしろ、専門家であるがゆえに現在の常識に囚われ、未来の変化を予見するのが難しい場合もあります。そのため、専門家の意見を取り入れる際には、必ず客観的な視点を持ち、自分のビジョンや仮説に対して適切にフィードバックを得ることが大切です。

　さらに、コンセプトを明確にしてから専門家にヒアリングを行うことも非常に重要です。もしコンセプトが不明確なままヒアリングを行うと、専門家の話に引きずられてしまい、自分のアイデアに対して否定的な思考に陥る可能性があります。これによって、イノベーティブなコンセプトが描けなくなる可能性があります。したがって、**ビジョンやコンセプトをしっかりと持った上で、専門家の知見を取り入れることで、より実現性の高い、そして社会に影響を与えるような価値を生み出すことを目指しましょう**。

　このように、自分のビジョンをまず具体的に描き、それを軸にして一次情報を収集し、客観的な視点で評価し、改めてビジョンを描きなおすというサイクルを繰り返し、ビジョンを明確に設定していきます。

4-3 事業コンセプトが見つかる

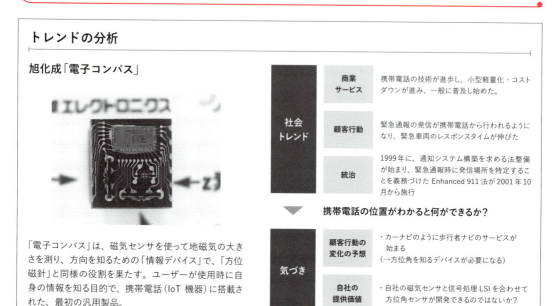

出典：https://k-tai.watch.impress.co.jp/cda/article/interview/19950.html

　さらに事業コンセプトを詳細化していきましょう。具体的な商品開発の事例として、旭化成が開発した「電子コンパス」という製品の開発経緯を少しご紹介します。あまり一般的には知られていないかもしれませんが、この製品は世界で70億個も売れている大ヒット商品です。電子コンパスは、磁気センサを使用して地磁気の大きさを測定し、方位角を計算して人の向きを知るための「情報デバイス」です。方位磁針をデジタル化して、歩行者ナビのような地図アプリに向きの情報を提供しています。

　最初は、au EZナビウォーク というアプリに対応したガラケー時代の機種に採用されました。その後、Androidの各機種 と iPhoneに採用され、事実上スマホの標準部品になり、世界的なヒット商品へと成長しました。現在では、Googleマップのナビゲーション機能が便利に使えるのも、実はこの電子コンパスという商品のおかげなのです。

　このように、旭化成が生み出した製品が世界中で広く利用されるに至ったのは、まさに理想的な事業コンセプトの設計とその具体化が成功したからに他なりません。それがどのようにアイデアを

具体化し、成功へと繋がったのかを見ていきます。

　この電子コンパスが生まれるまでの過程には、旭化成の技術者たちによる継続的なディスカッションがありました。当時、旭化成のグループ会社の技術者たちは、月に1回集まり、「社会変化のトレンドにのった新規事業として、私たちが何かできるチャンスはないか？」というテーマで討論を重ねていました。これが、革新的な製品開発の出発点となったのです。

　当時の社会トレンドとしては、携帯電話の小型化やコストダウンが進み、一般の人々にも急速に普及し始めた時期でした。その結果、警察や消防などの緊急通報に携帯電話を使用することが増え、新たな社会課題が生まれました。設置された位置が自動的にわかる固定電話とは違い、携帯電話からの通報では位置情報が正確にわからないという問題があり、そのために救急車や消防車が現地に到着するまでのレスポンスタイム（所要時間）の平均値が毎年延びることが社会的な懸念となりはじめました。

　そのため、1999年からアメリカにおいて発信者位置情報の通知システム構築を求める法整備が始まり、通信事業者は2005年末までに緊急通報の発信場所を特定することを義務づける法律が施行されます。日本に限らず、各国が今後同様の法整備をすることは容易に予想されたのです。

　その結果、GPSアンテナの小型化や、ネットワークアシストGPSという携帯電話ならではの技術開発が行われ、数年後には携帯電話の位置情報が取得できるようになっていきます。

　この社会トレンドと法的背景が、旭化成の技術者たちにとって、新たな市場の可能性を感じさせるきっかけとなりました。彼らは、直接話題になっている「位置情報取得手段」の開発競争に加わるのではなく、その技術が実現して携帯電話の位置情報が分かるようになった未来では、何が必要になるのかという発想をして、「カーナビのような歩行者ナビサービスが始まる」という仮説をたてて、そのアプリで必要となる「方位角」測定の電子部品を開発するという事業コンセプトを立てたのです。

　そして、その事業コンセプトに基づいて、まずデモ機を開発し、それを持って顧客（携帯電話メーカー）を訪ねてインタビューを行いました。顧客インタビューを重ねることで、顧客にとって重要な「価値」を明確にし、製品仕様を固めていきました。また、顧客のフィードバックを受けてデモを改良することで、よりコンセプトがクリアになっていき、顧客の求める仕様の製品に磨き上げられ、その結果として電子コンパスは世界的な成功を収めたのです。

　旭化成の電子コンパスが成功した背景には、社会課題を的確に捉え、それを事業コンセプトに落とし込み、具体化するという一連のプロセスがありました。このプロセスこそが、革新的な製品を生み出すための鍵であり、今後も新規事業の成功を目指す企業にとって教訓となります。革新的な事業コンセプトを明確に定めることが重要なのです。

第4章　コンセプトを描き、アイデアを創出する

2 コンセプトを戦略に落とし込む

4-4 MVPマップを作る

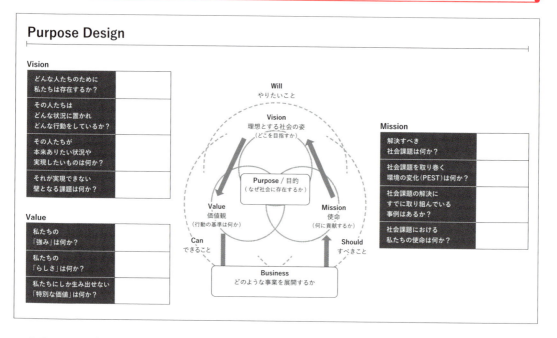

事業コンセプトを描く重要性はご理解いただけたと思いますが、さらに具体的にどのようなステップで描いていくかをご説明します。

ここまで情報収集してきたものを、改めて「MVPマップ」というフレームワークに則って整理していきます。

これは第2章で設定した「パーパス再定義フレームワーク」とまったく同じものです。第1章では、プロジェクトの前提条件として新規事業全体のパーパスを設定するために活用しました。そのため抽象度が高いパーパスを設定していました。本章ではこれを事業コンセプトの設定のために

再度活用します。

ビジョン
「ビジョン」は、<u>顧客が辿り着くべき理想の姿</u>です。ここで4つの質問に答えてみましょう。「どんな人たちのために私たちは存在するのか？」では、顧客像を明確にして、少し解像度を上げて顧客ターゲット像を具体化します。「その人たちはどのような状況に置かれ、どんな行動をしているか？」では、現在顧客がとっている行動を具体化します。（この2つは第3章4項を参照）
「その人たちが本来ありたい状況や実現したいものは何か？」では、顧客の声には出てこない潜在的なニーズを具体化します。「それが実現できない壁となる課題は何か？」では、価値競合となるサービスやプロダクトが実現できない理由を具体化します。
　これまで情報収集してきた内容を、それぞれの質問に該当するところにプロットしながら議論を重ね、言語化をしていきます。

ミッション
「ミッション」は、<u>「なぜ私たちがやるのか？」という使命</u>を明確にします。「解決すべき社会課題は何か？」では、社会課題のトレンドの理解を深めます。解決されていない社会課題が大きければ大きいほど、イノベーションのインパクトは大きくなります。社会課題として顕在化していればいるほど、解決したい人たちが多く存在することになりますので、必ずマーケットが存在し、ビジネスになる可能性は高くなります。「社会課題を取り巻く環境の変化（PEST）は何か？」を考え、社会課題の状況を理解すれば解決の糸口が掴めます。「社会課題の解決にすでに取り組んでいる事例はあるか？」で価値競合を知り、その上で「社会課題における私たちの使命は何か？」を言語化していくことで、提供価値の競合優位性や差別化をどのポイントで描いていくかの判断基準を設定することができます。これらをもって自社の「使命」を言語化します。

バリュー
「バリュー」は、<u>自分たちの「強み」や「らしさ」、そして「独自性」を表現した行動原理となる価値観</u>です。「私たちの『強み』は何か？」では、その言葉通り自社の強みを明確にします。自分たちが理解している強み以外にも、自分たちでは当たり前のように感じていたことが他者から見たら強みであるケースもあります。強みの分析には外部有識者をメンターとしてつけると、そこが有効に見出せます。「私たちの『らしさ』は何か？」という問いに対する答えは「文化」、つまり「行動パターン」です。形式知化・言語化されていないけれど、我が社ではこういう傾向があるというものを言語化していきます。意外にもそこに「強み」の源泉が隠れているケースも往々にしてあります。そして、

改めて「私たちにしか生み出せない『特別な価値』は何か？」を言語化します。これは保有しているアセットや技術などの具体性のあるものよりも、一段抽象化したときの「ソリューション」を言語化することを意識します。

これらを議論する中から「パーパス」を定義しましょう。「この事業がなぜ社会に存在すべきなのか？」という存在理由です。それは「自分たちは"何屋"さんか？」という問いにもなります。もちろんフレームワークを埋めたからといって簡単に描けるものではありません。うんうんと唸っていても、バチっとハマるものはそう簡単に出てきません。仮でもいいので思いついたものから言語化することを意識しましょう。そしてディスカッションを積み重ねながらブラッシュアップしていきましょう。

さらに、新規事業を実現するには「誰に何を言われようとも実現する」という強い意志と情熱と執念が大切になります。「顧客と社会が幸せになると確信を持っているから、絶対にこれを実現する！」そう自分の心に刻むことが必要です。実際、スティーブ・ジョブズはAppleのマーケティングメッセージでこう語っています。「自分が世界を変えられると本気で信じるクレージーな人たちが本当に世界を変える」と。

Apple "Think different"

クレージーな人たちがいる
はみ出し者、反逆者、厄介者
と呼ばれる人たち
彼ら彼女らはクレージーと言われるが
私たちは天才だと思う
自分が世界を変えられると
本気で信じる人たちこそが
本当に世界を変えているのだから

4-5 ドミノ戦略

新規事業を成功させるには、「取り組む順番」も大切になります。

　成功した人たちは、傍から見たら一晩で成功を収めたように見えるかもしれません。しかし、その裏側では長い間懸命に努力を積み重ねてきたのです。

　どんなに成功した人でも、最初はわずかなリソースしか持っていなかったでしょう。わずかな資金、限られた時間、そしてほとんどない人脈でスタートしたはずです。それでも成功したのは、このギャップをどう埋めるかを考え、具体的に行動を起こしたからです。

　「大きく成功したければ、大きく始めなければならない」という間違った常識をまず捨ててください。成功者がとっているのは「ドミノ戦略」です。

　これは極めてシンプルで、最初のドミノを倒すように、まずはできることから始めることが重要です。最初の一歩は驚くほど小さな一歩から始めましょう。そして次のドミノ、その次のドミノと倒していくわけです。

　1つ1つの小さなドミノが、次にできるだけ大きなドミノを必ず倒せるように適切な順番で並べます。そう、重要なのは「順番」なのです。例えば、1万人の顧客に買ってもらうことをゴールに設定したとしても、最初は1万人を獲得することではなく、最初の1人を獲得することのはずです。

イノベーションの多くの失敗は順番を間違えてしまっていることが原因です。特に大手企業の新規事業においては、最初から「100億円の売上」「3年で単黒、5年で累黒」などの荒唐無稽なゴールが役員から降りてくることがあります。もちろん大きな目標を設定しなければ達成できませんから、最終的なゴールとしてそれを設定することは間違っていません。しかし初期段階から「いくら儲かるんだ」とすぐに聞くことは間違っていると言えます。役員がその質問を繰り返してしまっては、正しくドミノ戦略を描くことができず、正しい順番でイノベーションに取り組むことができなくなってしまうからです。「いくら儲かるんだ」とすぐ聞くことを繰り返していると、**必ず失敗すると言っても過言ではありません**。

　まず、最初のドミノ（センターピンと呼ばれます）は、「ビジネスの提供価値を明確にする」ことで、ここまでで描いてきたコンセプトの設計です。そして、そのコンセプトに熱狂的に共感するN＝1を見つけることが重要となります。
　N＝1が存在するということは、少なくともビジネスになる可能性がゼロではないことの証明になります。そして、そのN＝1が「このプロダクトやサービスで自分たちの課題が解決されて幸せになった」と感じ、クチコミで広めてくれます。

　最初に、「自分ゴト」になってくれた人が動き、次に「仲間ゴト」の人が動き、最後に「世の中ゴト」の人が動き、ムーブメントが起こります。こうしてブランドが強化されていきます。これが2つ目、3つ目のドミノになります。
　その後、ターゲット顧客が広がれば、追加機能をリリースし、アップセルやクロスセルで事業を拡大し、影響範囲をさらに広げていきます。さらにチャネルを拡大し、ターゲット層を広げたり（スケールアップ）、海外展開や別マーケットへの展開（スケールアウト）を進めたりしていきます。これが4つ目、5つ目のドミノとなっていきます。
　事業は大きくこの5段階で拡大していきます。この順番を間違ってはいけないのです。

4-6 市場規模を可視化する

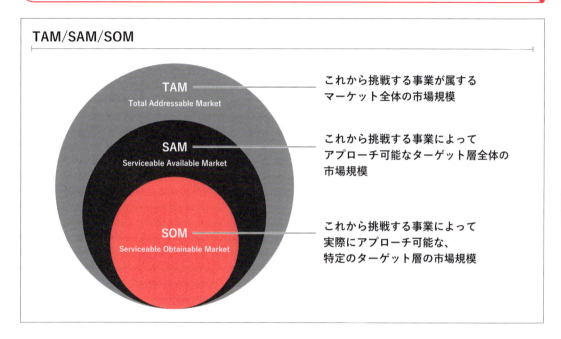

　TAM/SAM/SOMという市場分析のフレームワークを活用して、参入を検討している市場の規模を明確に整理しましょう。

TAM（Total Addressable Market）

　TAMは、製品やサービスが提供される市場全体を表す指標であり、収益化の機会を最大限に見積もった規模のことです。言い換えれば、挑戦しようとしているマーケット全体の規模がTAMです。これは、特定の製品やサービスが、仮に市場全体で受け入れられた場合の収益チャンスの最大値を示すものです。

SAM（Serviceable Available Market）

　SAMは、そのTAMの中から、ターゲット顧客に絞り込んだ市場の規模です。これは、ターゲット顧客層に絞り込んだN=1とその周辺のターゲット顧客に基づいて定義されます。TAMが全ての市場を対象としているのに対し、SAMはそのうち実際にアプローチ可能な市場を指します。製品

やサービスに対する漠然としたニーズではなく、**特定の顧客層のニーズにフォーカスを当てることで、現実的な市場の見通しを立てます**。

SOM（Serviceable Obtainable Market）

　SOMは、SAMの中でさらに、自社の営業活動やマーケティングによって実際に接触可能で、シェアを獲得できる市場規模を示します。これは現実的に売上目標として達成できる市場の規模であり、事業計画において最も重要な指標となります。SOMは、**最終的な売上予測やリソース配分を決定する上での基盤**となるものです。

　TAMを「子育て世代」と設定した場合、この世代全体がTAMに該当します。SAMはその中で「小学校1年生のお子さんを持つ親世代」に絞り込みます。SOMは「首都圏在住で、年収1000万円以上の家庭で、私立の保育園に通っていた小学校1年生の子どもを持つ親世代」とさらに具体的に絞り込んだものです。段階的に市場を絞り込むことで、現実的な事業計画を策定することができるのです。

　仮に、TAMの「子育て世代」が100であるとします。そして、SOMの「首都圏在住で、年収1000万円以上の家庭で私立の保育園に通っていた小学校に入学したばかりの世代」が5だとします。この場合、もしマーケット全体の規模（TAM）が1000億円だとしたら、SOMに該当するターゲット市場は50億円となります。このターゲット市場に参入し、初期段階で15％のシェアを獲得できた場合、売上は約7億5000万円になると推定できます。

　TAM/SAM/SOM分析を行い、その結果として見込める売上が3000万円であれば、それは大企業が新規事業として参入するには規模が小さすぎるかもしれません。規模の大きな企業においては、売上規模が数十億円以上でないと、新規事業への投資リターンが見合わない場合もあるため、この段階で規模の判断を行うことが重要です。

　参入したい市場が特定の企業によって独占されているのか、それとも小規模のプレイヤーが多数存在するのか、競争環境がどのようになっているのかを理解することができ、それがレッドオーシャン（競争が激化している市場）であるか、ブルーオーシャン（競争が少ない未開拓市場）であるかも、見極めることが可能です。もし分析の結果、参入を目指している市場がすでに大きな競合他社によって占められている場合、独自の戦略や価値提供が求められます。例えば、差別化戦略やニッチ市場の開拓が効果的な手法となるかもしれません。反対に、ブルーオーシャンであれば、市場シェアを迅速に拡大するための投資やリソース配分に重点を置くことが必要となります。

　このように、**TAM/SAM/SOMを通じて市場規模を整理**することで、**より正確な事業の見通しを立てることができ、検討や検証すべき事項を明らかにすることができます**。特に企業内で新規事業を進める際には、市場全体を俯瞰し、どの規模で事業を展開するのが最適かを決裁者と擦り合わせることも重要となります。

4-7 フラッシュアイデアを大量に出す

フラッシュアイデア

トレンド情報	必須	
そこから得た気づき	必須	
そこからどんな未来が予想されるか？		
その未来で当たり前に使われる サービスやプロダクトのアイデアは何か？		
なぜ当社が取り組むのか？		

　さて、次に具体的なアイデアを出しましょう。初期にアイデアを思いついていたとしても、一度それを忘れて、改めてビジョンやパーパスを軸に、それを実現するためのアイデアを、収集した情報をもとに考えます。

　ここでは「フラッシュアイデア」というフレームを活用します。例えば、「世の中のトレンド情報」「そこから得た気づき」「予想される未来」「未来で当たり前に使われる商品やサービス」「自社で取り組む理由」を書き出すことで、アイデアを具体化します。

　先述した旭化成の「電子コンパス」の例で簡単に説明しましょう。トレンド情報としては、携帯電話が普及し、近い将来にアメリカの法律が施行されるという情報を入手していました。そこから、「携帯電話の位置情報がわかるようになれば、歩行者ナビゲーション・システムが始まる」という未来が予想できます。そこで、位置情報と方位がわかるデバイスは必要だと予想し、自社が実現できる技術を持っていたことが、新規事業の成功に繋がりました。

　ノーベル化学賞とノーベル平和賞を受賞したライナス・ポーリングは、「**良いアイデアを得る最良の方法はたくさんのアイデアを得ること**」という言葉を残しています。

　1000本ノック的にアイデアを出すことを目標に脳に汗をかいて考え尽くし、アイデアの数を出すと、それらを組み合わせてさらに質の良いアイデアが浮かんだり、発展させたアイデアが生まれ

第4章 コンセプトを描き、アイデアを創出する

たりします。量が質に転化されるのです。

　脳科学的には、1人でいる方が「閃き」は起こりやすいと言われています。徹底的に情報収集し、徹底的に脳に汗をかいて考え抜いた後、例えば、散歩しているとき、お風呂に入っているとき、トイレに座っているとき、寝る前のベッドの上、サーフィンで波を待っているときなど、ボーっとしている瞬間が最も閃くのです。

　次に、そのアイデアを持ち寄って、チームで議論してアイデアをまとめ上げていきましょう。

　よくやりがちな失敗は、何もアイデアがない状態からチームでブレインストーミングするということ。ゼロからディスカッションでアイデアを出すよりも、それぞれが1人で発想したアイデアをフレームワークにまとめた後、大勢でディスカッションを行って集約させるのが効率の良い方法です。

　アイデアは「さあ考えるぞ」と意気込んで考えるよりも、本来は日常的に考えていく方が「閃き」を誘発しやすくなります。「新規事業部」などの部署に所属しているのであれば、「ライトニング・トーク」という手法がおすすめです。他者に気づきをシェアすることで、自分の考えを整理して、他者の視点や価値観からヒントを得る手法です。

　チームで、毎週持ち回りで担当者を決めて、思いついたことをメモした中から、周りに共有したい気づきをフレームにまとめて1分で発表します。それに対して他のチームメンバーは、自身が感じた意見や知っている情報・人脈などの情報を上乗せしていきます。そうやってそれぞれが自身の興味外の情報に触れることで、掛け合わせによって「閃き」を得やすくします。また同時に、情報収集や議論を習慣化することも狙いとなります。これを習慣的にチームで実践できたら、大量に情報とアイデアが蓄積していきます。

4-8 アイデアを絞り込む

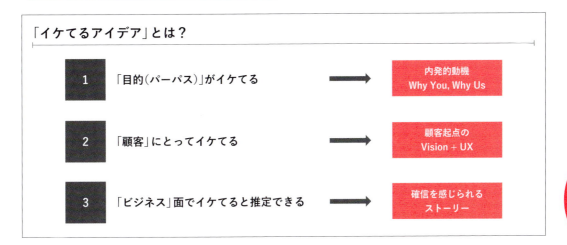

次に、具体的に取り組むアイデアを明確に定めるステップに進みます。成功するためのイケてるアイデアは、3つの条件を満たしている必要があります。

パーパス（目的）

まず大切なのは、「パーパス（目的）」がしっかりしていることです。これは「Why You」「Why Us」など、自分やチームがなぜこのアイデアに取り組むのかという内発的な動機が強く存在するかどうかです。イノベーションにおいては、意志、情熱、そして執念を持って取り組むことが必要不可欠です。最終的に成功する唯一の方法は、成功するまでやり続けることにあります。そのため、自分たちがやり抜く覚悟を持てるほどの強いパーパスを持っているかどうかが、アイデアの基礎として非常に大切です。このパーパスは、単に会社の利益追求だけでなく、社会に対する貢献や、自分たちが本当に信じる未来に対するビジョンが社会において必要な理由です。多くの成功した企業は、利益だけでなく、社会に新しい価値を提供するという強い信念を持っています。例えば、Appleのスティーブ・ジョブズは、常に「世界を変えるプロダクトを作る」という強いパーパスを持っていたことで知られています。このように、パーパスはプロジェクトを支える最も重要な原動力となります。

顧客

　次に重要なのは、そのアイデアが「顧客」にとっても価値があるかどうかです。==顧客が将来どうあるべきか、その「あるべき未来」を具体的に描けているか、そしてそれが顧客にとって目指すべき価値があるかを確信できる==ことが大切です。アイデアそのものが魅力的であることはもちろんですが、これまでの顧客インタビューなどを通じて、そのアイデアが顧客に受け入れられる体験（UX）として提案できるかどうかが重要となります。顧客の声を聞きながら、常に市場の変化に対応できる柔軟性を持つことも求められます。

　また、顧客に対して提供する体験が、単なる一時的なものではなく、長期的に持続可能な価値を提供できるものであるかも重要となります。短期の利益を追求するのではなく、顧客が長期にわたってそのアイデアによって価値を受け続けることができるかどうかによって、長期的な事業成長に繋がるかどうかが変わります。持続可能なビジネススキームを構築するためには、顧客のライフサイクル全体を見据えたアプローチが必要です。

ビジネス

　最後のポイントは、「ビジネス」面でイケてるかどうかです。この段階ではまだビジネスの検証を行っているわけではないので、あくまで推定になります。ビジネスの成否にかかわる要素は、この後の仮説検証プロセスを通じて磨き上げていくものですが、最初の段階である程度の感触を持っておくことが重要です。例えば、==我が社が参入すべきマーケットか、事業の規模は適切か、ビジネスとして成立するかどうか==などを検討します。この検討を後回しにするのではなく、短時間で直感的にビジネスとしての可能性を感じられるかどうかを見極めます。

　自分たちだけでは見落としてしまうリスクや課題が、経験豊富な第三者の視点から見えてくることがあるため、事業経験のある有識者にフィードバックを求め、事業としての評価をしてもらうこともおすすめです。初期の段階で重要な修正や改善点に気づくことができ、効率的にビジネスを進めるための足がかりを得られます。

　これでコンセプトが具体的なアイデアへと落とし込まれました。ここから先は、このアイデアが実際に事業として成立するかどうかをステップ・バイ・ステップで検証していくフェーズへと移行していきます。

　アイデアは、初期仮説となります。これを実際に顧客に当てて、どれだけの顧客がそのアイデアに共感し、商品やサービスを利用してくれるかを見極める検証を重ねていきます。アイデアが予想通りに機能するのか、それとも新たな修正が必要なのかを判断しながら、仮説検証を積み重ねます。パーパス、顧客価値、ビジネスの3つのポイントでアイデアをしっかり見据えていることが、今後の仮説検証を意味あるものとし、失敗確率を引き下げ、成功へと辿り着く足掛かりとなります。

INCUBATION

創業

N1インサイトと提供価値仮説をブラッシュアップする

第5章

1 コンセプトに共感する顧客（N＝1）の明確化

5-1 コンセプトに共感する"たった1人"の顧客を見つける

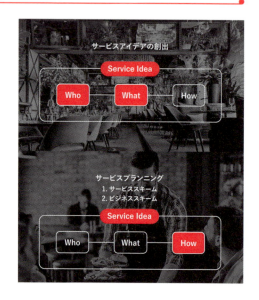

サービスアイデア仮説：
食べれば食べるほど地球が再生していく
"リジェネラティブ"なハンバーガーレストランを提供する

コンセプトをよりサービス・プロダクトの形に落とし込むアイデアに固める。顧客へのデプスインタビュー前なのであくまで仮置きの仮説として。これに基づいてデプスインタビューの項目の設計などへ繋げる。

第4章のコンセプトでは「幸せにしたい顧客は誰なのか？」を定義しました。

　本章では新規事業のコンセプトに共感する顧客N＝1の明確化を行います。Nとは統計学や科学の世界でよく使われる「サンプル数」のことです。新規事業の場合ではN＝1なら1人の顧客、N＝10なら10人の顧客を意味します。新規事業の場合、まずはたった1人のN＝1に絞り込んでインタビューし、事業の可能性の扉を開くことを行います。

　ハンバーガーショップの場合を考えてみましょう。例えば、「食べれば食べるほど地球が再生していく"リジェネラティブ"なハンバーガーレストランを提供する」というアイデアを設定しました。リジェネラティブ（regenerative）とは、最近トレンドになっている「再生型」を意味する言葉です。

ここでは環境に優しいハンバーガーを想定してください。

　そして、このサービスアイデア仮説に対して、まずは1人の顧客にしっかりとインタビューを行います。コンセプトに対する受容性をまず1人から確認することで、事業化の可能性がゼロではないことを「明確化」するとともに、徹底的にニーズを深堀りする質問をすることで、1人の顧客が本当に食べたいハンバーガー像を「明確化」する作業となります。

　ビジネスにおいては「顧客に愛されるプロダクトを創る」ことが大前提です。ですが、ここに大きなハードルが存在します。顧客に愛される商品・サービスは、「顧客の課題を把握した上で開発する」ものであり、それは顕在化した顧客に向き合うことが重要となります。しかしイノベーションとは「顧客が認識していない本質的なニーズを解決すること」です。だからイノベーションにおいては、顧客に愛されるプロダクトを作ること自体が矛盾しているのです。

　そこで考え方を「顧客を愛するがゆえに、生み出さざるをえないプロダクトを作る」に変える必要があります。前述した自動車会社のフォードの創業者のヘンリー・フォードの「もし顧客に、彼ら彼女らの望むものを聞いていたら、彼ら彼女らは『もっと速い馬が欲しい』と答えていただろう」という言葉を解釈すると、もし彼が「顧客に愛されるプロダクトを創る」ことに重きを置いていたら、

顧客インタビューの目的

顧客に愛されるプロダクトを作るのではない。

顧客を愛した結果、必然として製品やサービスが生み出される。
愛してるからこそ、生み出さずにはいられなくなる。

顧客から愛される前に、顧客を愛する。

097

「速く走れる馬」を育てるために、馬の品種改良を仕事としていたかもしれません。これこそが「顧客への愛」です。

　　事業創出の初期の段階では、たった1人の「熱狂的なファン」を見つけることが重要です。

　プロダクトの形がまだ定まっていない段階でも、事業コンセプトに強く共感し、「絶対に実現して欲しい」「絶対買う」と強いニーズを口に出し、実現するためだったら協力を惜しまない姿勢を示してくれる人です。これを「エヴァンジェリスト・カスタマー」と呼んでいます。新規事業の成否は、この"ありがたい存在"を作れるかどうかにかかっていると言っても過言ではありません。

　新規事業は「小さく始めて、大きく育てる」とはよく言いますが、**初めから万人受けするような商品を目指し、幅広い層をターゲットとして設定してはいけません。**そうすると、角の取れた、丸まった最大公約数的な特徴のないプロダクト・サービスができあがります。「みんなにとって良いものは、みんなにとってどうでもよいもの」であるのです。その結果、熱狂的なファンが生まれず、最初の売上が上がらず、広めることもできず、市場から撤退することになります。

　まずは、たった1人の顧客にとって「最高の商品・サービスを創造する」ことに集中しましょう。たった1人の最初の顧客が幸せになるであろう姿が見え始めると、今度は価値提供側の私たちの心にも火がつきます。その過程がまさに「原体験化」されるのです。そして、その商品・サービスを何が何でも生み出さずにはいられなくなります。

　新規事業やスタートアップなど、イノベーションには「原体験」が必要であるという言葉をよく口にする方がいます。確かに、スタートアップにおいてはその方が強いことは事実ですが、ほとんどの場合、業務指示によってか、もっと軽い気持ちで携わっています。しかし、このようにたった1人の顧客にフォーカスして向き合い続けると、自ずと「原体験化」され心に火がつきます。**イノベーションに原体験は不要です。ただし原体験化するほどに、しっかりと顧客に向き合うことは必要不可欠**です。

　プロジェクトメンバー全員がこのように、「火がついた状態」になると、新規事業の成功確率が高くなります。たった1人の幸せを実現できるプロダクト・サービスこそが、世界にイノベーションを起こすに至るのです。

5-2 N＝1候補を発見するために、まずは顧客の現状を把握する

顧客の現状を理解する

観察
顧客の行動を
具に観察する

体験
実際に一連の
動作を体験する

傾聴
顧客に聞いて
感情を浮き彫りにする

「この人を助けたい」「この人を幸せにしたい」と思えるほどの顧客に出会うためには、まず顧客の現状を知らなければなりません。コンセプトを設定する段階でのサウンディングを通じて、初期の顧客候補が見つかっていると思いますので、さらにしっかりと顧客の現状を知りにいきましょう。

「観察・体験・傾聴」の３つの姿勢で顧客に向き合うことにより、顧客の現状を深く理解することができます。

「観察」は、ターゲットとなる人たちが、普段どのような体験をしているかを観察します。エスノグラフィック調査とも呼ばれ、文化人類学などの学術調査において異文化・コミュニティの中に実際に入り込み、行動観察を行うことで、外部からは見えない消費者の深層心理や行動の要因の調査を行います。

顧客インタビューでは、あくまで顧客が自覚している行動や感情しか出てきません。一方で、顧客は多くの場合、無自覚・無意識に感情の変化や意思決定、行動を起こしています。イノベーションに繋がるインサイトは、そこにこそ存在します。
　実際にアクションを起こすタイミングだけではなく、その前後も含めて細かく観察し、感情の変化、特に困った様子などを見落とさないように観察します。

　「体験」は、ユーザーになったつもりで実際に一連の生活や動作を体験することです。自ら体感することで、課題を掴むことができたり、インタビュー時のユーザーの気持ちを理解できたり、説明がスムーズになったりします。
　男性の起案者が女性をターゲット顧客に設定する場合、実体験が難しいものもあるはずです。その場合でも、一連の動作を擬似体験する方法を探します。例えば、妊婦を擬似体験できるお腹にお守りがついたジャケットのように。
　逆に、女性でないからこそ体験をすることで気づくことがあるかもしれません。自分がターゲットでないからこそ得られる経験には、常識や当たり前に縛られないインサイトが存在します。

　「傾聴」は、顧客の声をしっかり聞くことです。ライトな取り組みとしてはアンケートがあります。そしてしっかり話を聞くのがサウンディングです。これは継続して行いましょう。一定程度の関係性が築かれ、かしこまらずに気軽な雑談ができるようになって初めて、漏れ出てくる本音があります。人は建前と本音を使い分けて生きています。初対面のサウンディングでは、建前を捨てて本音を語ってくれることはほとんどありません。本音の中にこそインサイトが存在します。

　イノベーションは、潜在的なニーズによって新規性の度合いが変わります。**新規性の高いイノベーションに取り組むなればこそ、インサイトを得なければなりません。顧客にとってより良い未来に挑むために、しっかりと「観察・体験・傾聴」に取り組みましょう。**

2 潜在ニーズを「推察」し「定義」する

5-3 顧客へのデプスインタビューの流れとポイント

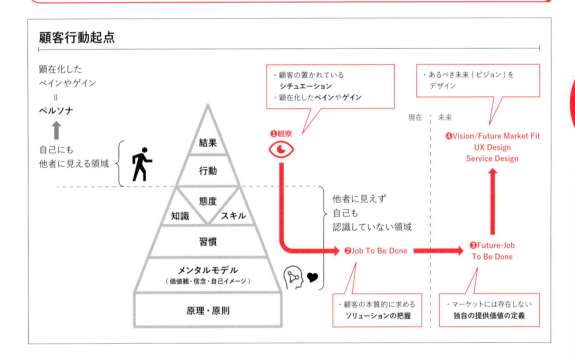

　ある程度顧客の実像を捉えることができたら、潜在ニーズに対して初期仮説が設定でき始めます。「本当はこうありたいのではないか」「そこにはこんなハードルがあるのではないか」と。

　その仮説が本当なのかどうかを確かめるために、ここから「デプスインタビュー」へと進んでいきます。デプスインタビューとは、調査対象者と1対1で話し合い、本音を引き出す調査方法です。デプスインタビューは「顧客を愛する」だけでなく、「顧客に"憑依する"こと」です。本人が生活する部屋の中までを想像できるレベルまでに達する——それが基準です。

101

デプスインタビューでは「何が欲しいですか？」とは決して質問しないことに注意してください。潜在的ニーズに取り組むのがイノベーションですから、そもそも顧客本人は欲しいものを言語化できていません。

　どうすれば本当に顧客が欲しいものを特定できるのか？　それは顧客の普段の行動そのものにそのヒントが隠されています。人間の行動は、本人の価値観や信念、理想とする自己イメージを表す「アウトプット」として表出しているものだからです。**デプスインタビューで行動や結果を収集すれば、顧客の判断基準が徐々にクリアになってきます。**

　それではデプスインタビューによって明らかになる顧客のインサイトについて、ハンバーガーショップのビジネスの例で説明しましょう。

　ある顧客はハンバーガーが好きで好きでしょうがないため、「週に2回はハンバーガーショップに行く」という行動をとっていました。一方で、環境への意識は高く、日常的に「エシカルな製品で囲まれた生活」をしています。当然、「牛肉の生産過程が地球に優しくない」ことも知っています。これらの行動がそれぞれ点として、デプスインタビューの中から出てきたのであれば、結果を分析する際にその点を繋ぐことで、「エシカルなハンバーガー」にニーズがあると推察できます。

　デプスインタビューで出てくる情報は、あくまで点になります。その点を繋ぎ合わせて、インタビュー対象者の暮らしや行動パターンを想像できるようになりましょう。顧客になりきって憑依できるほどに、顧客の価値観を正確に把握しましょう。そうすることで、推察によって潜在ニーズを定義することができます。

　潜在ニーズは、インタビューによって「把握」するものではなく、インタビュー結果を分析した結果「推察」し「定義」するものなのです。

憑依する＝部屋まで想像できるか

インタビューは、その人が**普段どんな暮らしをしているか、どんな部屋に住んでいるか**まで想像できることが重要。

インサイトは、
本題から外れたところにあったりする。

「何が欲しいか」を聞かない

「その人の暮らしや行動パターンが
想像できる質問ができているか」

5-4 デプスインタビューの流れとポイント

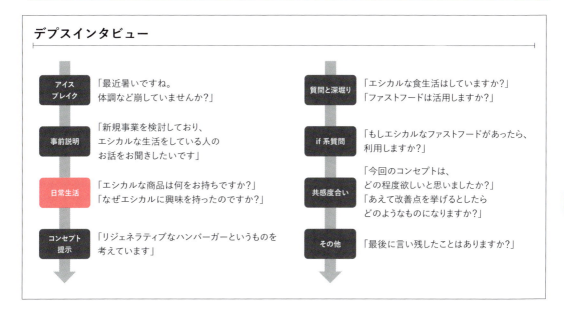

それでは、実際のデプスインタビューの方法について説明します。上図は、デプスインタビューの流れを示しています。本項目では、デプスインタビューにおける大事な7つのポイントをお伝えします。

ポイント①最初にコンセプトは提示しない。

例えば、インタビューの冒頭で、「今回のコンセプトは『食べれば食べるほど地球が再生していく"リジェネラティブ"なハンバーガーレストランを提供すること』です」と話したとします。

インタビュー対象者は、インタビュアーが求めている答えを、無意識のうちに探し始め、それに応えようとします。つまり最初にコンセプトを提示すると、回答がそこに引っ張られてしまうので、本音を引き出せなくなるだけでなく、自分のコンセプトが正しいと勘違いするような意見ばかりを耳にすることとなり、確証バイアス（自分の思い込みや願望を強化する情報ばかりに目が行き、そうではない情報は軽視してしまう傾向）の沼にハマってしまいます。

最初は**コンセプトを伝えずに、バイアスがかからない状態でインタビューをしましょう。**「新規事業の取り組みを行っており、それに対してのヒントをいただきたいです。かしこまらずに正直に現状や本音をお答えください」というインタビューそのものについての説明をするにとどめましょう。

　そして、顧客の現状や課題がわかる質問を投げかけ、その上でエピソードトークを引き出しましょう。例えば、「肌の悩みは何ですか？」と投げかけた後に、「化粧品は月に何回ぐらい買いますか？」「いくら使いますか？」「化粧品を買うときに悩んだ経験を教えてください」などと続けて質問します。ここで、回数や金額などの数字を聞いた上で定性的な質問を行うと、聞き出すエピソードの解像度が高まります。

　同時に、「その悩みを解決するためにどんな手段を使っていますか？」という質問を重ねます。悩みに対して何もしていないのか、何か解決手段を講じようとしているのかで、課題の深さを判断します。このすでに講じている既存の解決手段を「代替手段」と呼びます。代替手段を講じている場合は、時間やお金などをどれほどかけているかを確認します。その上で「それを使っても解決しない課題は何ですか？」と質問を重ねます。これを深掘りしていくと、本質的なニーズが浮かび上がってきます。

　類似した質問としては「その悩みが発生する前には何をしていましたか？」「その解決手段をとった後はどうなりましたか？」と、その悩みの前後の行動や感情を引き出す質問を重ねます。これによって、より課題の状況を把握することができます。

ポイント②話しやすい雰囲気を作る

　デプスインタビューのゴールは、顧客の部屋を想像できるレベルまで日常生活を詳細に知ることです。かしこまった雰囲気では自然体で話しにくくなり、形式的な「建前」の回答に終始しています。**アイスブレイクをして、友達と雑談するときのようにリラックスできる雰囲気を作りましょう。**知人からの紹介であればその共通の知人の話題を出したり、事前にアンケートをいただいているのであればその中から共通点（世代や出身地、職業など）についての雑談をするのが良いでしょう。

ポイント③インタビュアーが自己開示する

　事前に設定した質問項目を上から順番に読み上げて聞くだけでは、インタビュー対象者だけが話すことになります。すると、インタビュー対象者は尋問を受けているように感じ、どんどん話しにくくなっていきます。

　回答に対して、インタビュアーも「わかります。私もそうでした」といったように共感を示したり、「私も同じような失敗をしました」などの自己開示を行いましょう。**自分の情報も共有することで、**

心を開きやすくなり、必要な情報の提供に繋がっていきます。

ポイント④質問を重ねる

例えば、インタビュー対象者が「肌の美容に興味があります」と回答した場合、「肌の悩みは何ですか？」「いつ、何の媒体で美容情報を集めていますか？」「製品の購入を決める基準は何ですか？」などと質問していきます。質問を重ね、深堀りすることで、解像度が格段に向上します。

事前に設定した質問項目を上から読み上げて聞くことは、インタビュー対象者を圧迫するだけでなく、解像度が高まらないため"デプス"インタビューにはなりません。

1時間のインタビューで10問用意していても、実際には3問だけで終わる場合もあります。顧客の日常生活を深く知ることがゴールであって、あらかじめ用意した質問すべてに答えてもらうことがゴールではありません。すべての質問に答えてもらわなくても、インタビュー対象者の実像の解像度が高まっていれば何も問題ありません。

ポイント⑤コンセプトの仮説検証

顧客の現状が把握できたら、初めてコンセプトを提示します。すでに作成しているコンセプトペーパーを提示しても良いですし、チラシや企画書まで落とし込んで提示しても構いません。想定していたニーズ（仮説）を顧客が持っているかどうかを確認（検証）します。

この際、提示した資料について詳細な説明を行ってはいけません。なぜならば、実際に販売するときにはすべての顧客の横に立って、起案者が自ら説明できるわけではないからです。広告に情報を載せて、それを読むだけで興味が喚起されるか、購買意欲が湧くかというのが重要になるはずです。デプスインタビューの場であっても、なるべく実際の状態に近い形でコンセプトを評価してもらいます。

また、コンセプトへの評価とともに、行っておきたい質問があります。例えば、肌の美容がテーマだったときに、コンセプトへの興味がある理由が「ニキビをなくしたいから」と出てきました。そこで「もし魔法のランプがあって、頼めばニキビが消えるとしたら、どうなっていたいですか？」というif系の質問を投げかけます。ニキビケア事業の場合では、「友人に綺麗になったと言われたい」という回答がありました。つまりこの場合、インタビュー対象者は「綺麗になりたい」の先に「友人からの評価」が重要な判断基準であることがわかりました。課題を解決した後の理想の状態を聞いているので、もちろんプロダクトやサービスの提供価値そのものにこのインサイトは組み込むべきと言えますし、同時に顧客にマーケティングメッセージを作る際のヒントにもなります。

コメント⑥ コンセプトに共感しない理由を聞く

　コンセプトへの共感がノーなら、もちろんその理由を尋ねます。しかしイエスであっても、「敢えて否定するとしたら？」と尋ねます。つまり、イエスでもノーでも、共感できない理由を聞き出すのです。特に「日本人の多くは、インタビューにおいてインタビュアーに気を遣ってなるべくイエスと答える」という統計調査が出ています。そのため、イエスの回答を鵜呑みにすると実際の意見と乖離が生じてしまうので要注意です。イエスには、「すごくいい」から「どうでもいい」までの幅がありますが、ノーははっきりとした否定の意見です。イエスは曖昧でも、ノーは誰しもが断定できるのです。イエスの回答を集めてフェアゾーンをクリアにするのは難しいですが、==ノーの回答を集めることでOBゾーンをクリアにし、それによってフェアゾーンを定義していくのです。==

　例えば、ハンバーガー店のコンセプトに対して「食べると地球が再生していくっていいですね、興味あります」と返答されたとします。そこで「敢えて否定するとしたら、改善点はありますか？」と質問を重ねます。すると、「"リジェネラティブ"って正直よくわかりませんでした」という違和感を抱いた点や、「結局お肉じゃないんですよね……」と残念に思った本音が出てきたりします。

デプスインタビュー：基本の5つの質問

1. エピソードトーク	今現在○○（課題 / ニーズ / Job To Be Done）がどういう状態か
2. 代替手段	○○を解決するためにどのようなことを現在しているか （使っているツール、製品、アプリ、テクニックなどはあるか）
3. 理想の状態	もし魔法のランプがあってなんでもできるとしたら、○○をどうしたいか （可能かどうかは問わない）
4. 深掘り	最後にあなたが○○の課題に直面したとき、その直前に何をしていたか。また○○を解決したとき何をしていたか
5. 補足	○○について、他に何か言っておくべきことはあるか

ポイント⑦言い残しまで"拾い上げる"

　インタビューの残り5分で「言い残したことはありませんか?」と質問します。ここまでしっかりと関係性を築いた上でインタビューができていると、「そういえば」と最後に追加の発言をしてくれることがあります。案外、==インタビュー本編での55分よりも、最後のこの5分で重要なインサイト==が表出してくることが多いです。

　デプスインタビューをする際には、つい答え合わせをしたくなるものです。その気持ちはわかりますが、仮説が正しいかどうかは、製品を使ってもらって初めて確認できることです。
　==デプスインタビューでは、答え合わせをしたい気持ちを一旦脇に置いて、徹底的に顧客の現状を理解するために、顧客の言葉に耳を傾けることに集中しましょう。==

デプスインタビューのポイント

営業の場ではない。学びを得る場である。	顧客を説得したり、プロダクトを説明するピッチではない。**顧客を理解するために、顧客の言葉に耳を傾け、観察し、学びを得る。** 顧客の解説はそのための材料でしかない。
顧客に答えを聞く場ではない。インサイトを得る場だ。	顧客から直接答えを聞いたり、アドバイスをもらう場ではない。インサイトに辿り着くのは、インタビュアー自身だ。**顧客に対する深い理解をし、想定していた仮説を確かめ、あるいは否定し、ヒントや手がかりを得る。**
コンセプトそのもの、プロダクトそのものは確認しない。	「顧客からインサイトを得る」のがデプスインタビューで、顧客行動、課題、代替手段、残課題を確認する。プロダクトそのものの確認をするのはそのあとで、**使ってもらって確認するものだ。**

第5章　N1インサイトと提供価値仮説をブラッシュアップする

5-5 顧客の現状を整理する

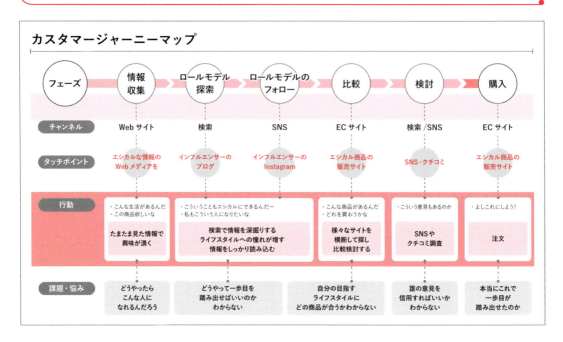

　デプスインタビューで得た内容は、そのままだともちろん分析ができません。分析をして潜在ニーズを推察するために、顧客の悩みが深まる流れから代替手段の購入に至り、課題がどう変化したかを一連の流れとして描く必要があります。これを「カスタマージャーニーマップ」と呼びます。

　カスタマージャーニーマップは、顧客の一連の行動に対して、そこで接触し得る様々なタッチポイントについて、客観的かつ俯瞰的に可視化するものです。

　この一連の流れの中で、特に感情の動きや意思決定の判断基準などを明示することで、本人も気づいていない潜在的なニーズ（インサイト）を洗い出すことができます。

　カスタマージャーニーマップの作成方法を紹介します。まず、デプスインタビューで得た顧客の普段の行動、感情の動き、関わる人物、現状の課題、課題の原因、意思決定の方法などをつぶさに書き出します。その後、図のようにカスタマージャーニーマップの各項目にまとめていきます。

　顧客の現状を理解しなければ、課題とニーズは見えてきません。カスタマージャーニーマップを描くことで、顧客の実像を把握し、インサイトを見出すことができれば、具体的なアイデアへと昇華させることができます。

5-6 理想の行動をしている顧客

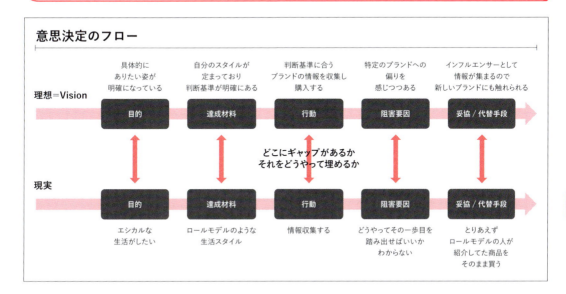

　カスタマージャーニーマップで顧客の現状が理解できたら、そのまま分析に入るのではなく、「エクストリーム・ユーザー」へのインタビューを行い、そのカスタマージャーニーマップを描くことが大切です。エクストリーム・ユーザーとは、一般の人の「当たり前」と比較して、極端な行動をとっている人のことを指します。

　例えば、「歯を磨く」という行為は多くの人にとって当たり前の習慣です。しかし、正のエクストリーム・ユーザーは、この習慣をさらに徹底して「7種類の歯磨き粉を使い分ける」といった行動をとります。一方で、負のエクストリーム・ユーザーは「歯磨きを一切しない」人を指します。正と負のどちらを理想とするかは、ビジョンの定義によって異なりますので、どちらでも問題はありません。大切なのは、エクストリーム・ユーザーを見つけてインタビューを行うことです。

　要するに、今回目指すべきビジョンにおいて「理想の状態にすでに達している人」を探し、その人から学ぶということです。こうしたエクストリーム・ユーザーは、しばしばテレビや雑誌で取り上げられていたり、インフルエンサーとして活躍していたり、その領域の専門家として認知されていることが多いです。そのため、共通の知り合いを通じて連絡を取ったり、問い合わせフォームやSNSのDMを利用してコンタクトを取りましょう。あらゆる手段を駆使してなんとしてでもインタビューの機会を取り付ける努力をします。

場合によっては、謝礼が必要となる可能性もあります。しかし、法外な請求でない限り、予算を確保し、謝礼を払ってでも話を聞くことには非常に価値があります。本質的には、コンセプトに共感するエクストリーム・ユーザーがいること自体が、事業化の可能性を証明する一つの手段となります。もちろん「無償でも協力してくれる」という姿勢こそが、事業の本質的な価値を証明することにもなりますので、謝礼ありきではなくともコンセプトに共感してもらえるかどうかを見極めることが理想的です。

　エクストリーム・ユーザーに話を聞く機会ができたら、すべきことは顧客候補へのインタビューと同様です。デプスインタビューを行い、カスタマージャーニーマップを描いて、そのエクストリームな体験を深く理解しましょう。

　こうして得られたエクストリーム・ユーザーのカスタマージャーニーマップを、他の顧客候補のカスタマージャーニーマップと比較することで、どのようなギャップが存在しているのかが明らかになります。このギャップこそが、イノベーションの種となるのです。このギャップを埋めるためのアプローチとしてのアイデアが、新しい価値に繋がっていきます。正のエクストリーム・ユーザーがしたユニークな体験を新たにサービスとして提供し、広く一般の顧客に受け入れられれば、その顧客はエクストリーム・ユーザーのいる理想の状態へと辿り着くことが容易に推定できます。負のエクストリーム・ユーザーは、一般の顧客が気付かない問題や課題に気付いている可能性があり、それは一般の顧客の潜在ニーズである可能性があります。これらを詳らかにすることで、新しい価値への創造のヒントが得られるでしょう。

　==エクストリーム・ユーザーのインタビューを通じて得られたインサイトは、単なる思いつきではなく、実際の顧客の行動や思考プロセスをより明確にすることができ、顧客がどのようなポイントで価値を感じているのか、またどのような課題を抱えているのかを詳細に把握できます。==つまり、体験をもとにした現実的なアイデアとして進化させることができるのです。

5-7 顧客の課題を構造化する

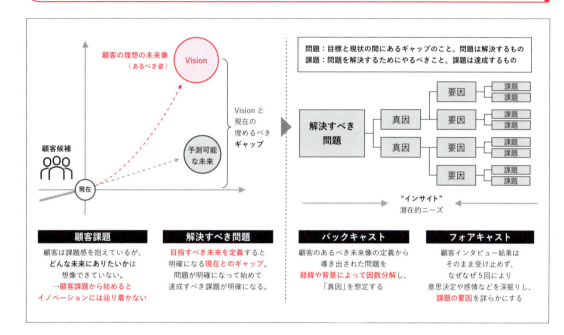

エクストリーム・ユーザーと顧客候補のカスタマージャーニーマップによって、ギャップが明確になりました。しかし、そこからいきなりアイデアを考えようとしても難しいと思います。なぜならば、そのギャップはたった1つではないはずだからです。そのギャップをしっかりと整理し、解決すべき問題と達成すべき課題を明確にしましょう。

課題は「問題を解決するためにやるべきこと」です。言い換えるなら「目の前の達成したいもの」が課題です。これらには必ず「要因」があるはずです。その課題を発生させることになった原因です。その原因の上位には「真因」があります。本当の原因です。

ギャップもしかり、顧客のインタビューを通じて収集した課題もしかり、これらをロジックツリーの形で整理していきます。

整理を行うと、まだ聞き足りない項目が出てきます。それは追加インタビューをして確認しましょう。

そうして、ロジックツリーの広さ、深さ、解像度が明確になると、そこに優先順位をつけることができるようになります。そうして解決すべき問題を明確にします。

111

5-8 「ジョブ・ストーリー」を描き、インサイトを抽出する

　ここまで徹底的に問題や課題を詳らかにしてきましたが、そうは言っても顧客インサイトの正体は、そう簡単に掴めるものではありません。そこでおすすめなのが、インサイトに辿り着くために「ジョブ・ストーリー」を整理することです。

　「ジョブ・ストーリー」は、クリステンセンの『ジョブ理論』を参考に、顧客の現状とニーズ、それに対する代替手段を整理して、インサイトに辿り着くためのフレームワークです。

　例えば、3M社のコマンド™フックという商品があります。マンションに住む人(When)は、壁に絵を掛けたいというニーズ(Gain)があると仮定します。そのとき、壁に絵を掛けるには穴を開ける必要があります(代替手段)。しかし、敷金の返金額が減るので、できればマンションの壁に穴を開けたくありません(Pain)。そこで、「壁に穴を開けずに絵を掛ける」(Job To Be Done)という発想が生まれ、コマンド™フックが開発されました。このように、ジョブ・ストーリーを活用すると、潜在的なニーズを簡単に言語化できます。

「壁に絵を掛けたい」(Gain)という表層的なニーズから事業を考えると、その他の要素を考慮することができず、「壁に穴を開けてでも絵を掛けたい」という別の問題を引き起こしてしまいます。しかし、ジョブ・ストーリー的発想によって、「壁に穴を開けずに」という潜在的なニーズを抽出することで、イノベーティブなアイデアへと辿り着くことができます。

　もう1つ、クリステンセンの『ジョブ理論』で紹介されているアメリカ人親子の実例についてお話しします。朝の車通勤で子供にマクドナルドのミルクシェイクをよく買う父親がいました。ミルクシェイクは粘度が高く、一生懸命吸わないと飲めないので、飲んでいる間は子供が静かになります。父親は子供がミルクシェイクが好きだからではなく、子供を静かにさせることが目的で、シェイクを買っていたのです。この実例が教えてくれるのは、同じ商品でも買う目的が状況によって異なるという事実です。

　もちろん、実際にはジョブ・ストーリーやカスタマージャーニーマップが最初から綺麗に埋まることはありません。デプスインタビューの内容に戻りながら、ときには再度デプスインタビューを実施しながら、チームメンバーの多角的な目線で確認しつつ、少しずつ埋めていきましょう。

5-9 提供価値を言語化し、ストーリーを描く

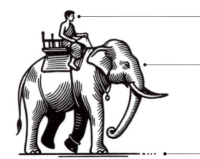

ストーリーテリング

- 象使い：理性・論理・言語
- 象：感情・直感・無意識
  途端に象が暴れ出したら、象使いでも抑えられない。感情も同じ。だからストーリーによって感情を動かすことが、他人を動かすために重要となる。
- 道：環境・目的

　これまで整理した顧客の実像やジョブ・ストーリーをもとに、事業コンセプトをさらに具体化し、提供価値を言語化します。提供価値の言語化とは、<u>自分の周りのチームメンバーやステークホルダーを動かすストーリーを作る</u>ことです。

　イノベーションに挑む人たちに課されているのは、世の中に存在しないイノベーティブなプロダクトやサービスを創ることです。そのため「本当に売れるのか？」という問いに対するデータやロジック、エビデンスが揃わないままスタートし、走り続けなければなりません。しかし、未知の市場に対して、事前に十分な裏付けを得ることは難しいものです。

　新規事業か既存事業かにかかわらず、ビジネスは人を巻き込んで進めていく必要があります。仲間、上司、決裁者である役員はもちろん、プロダクトを形にし、流通させるための協力パートナー、そして何よりイノベーションにおいては顧客も巻き込む対象です。まだプロダクトやサービスが具現化していない現段階では、論理的な説得が難しいのは当然です。だからこそ、<u>周りの人を巻き込むためには、共感を生み、感情を突き動かすストーリーテリングが重要</u>となります。新規事業においては、プロダクトやサービスが人々の体験をどのように変えるのかという提供価値を織り込んだストーリーを作ることが成功の鍵を握ります。

　例えば、ドラマの最終話だけを見て感動し涙を流す人はほとんどいないでしょう。第1話から第

13話までそのストーリーを追うからこそ、登場人物に感情移入し、感動が生まれるのです。そして、感動を生むためにはロジックよりもストーリーが必要なのです。

　理性と感情は、よく象使いと象に例えられます。普段は象使い（理性）が象（感情）をコントロールしていますが、一度象（感情）が暴れ出すと、象使い（理性）では手に負えなくなります。たとえば、恋人と喧嘩した日に仕事が手につかないという経験は、誰しもが持っているでしょう。このように、感情が強く理性に影響を及ぼすことを理解すれば、感情を刺激するストーリーがいかに大切かがわかります。

　エビデンスがないのがイノベーションですから、データやロジックだけで提供価値を説明しようとしても理性で納得させることはできません。しかし、ストーリーでワクワクさせることはできます。周りの人々をワクワクさせ、その結果として賛同を得て、巻き込んでいくのです。

　ストーリーを作るには、まず、チームメンバーが理解しやすいシンプルなキーワードを提供価値として定義します。たとえば、ハンバーガー事業の場合は、「地球環境に優しい」「肉を使わない」「肉よりも肉らしい」「ヘルスケア×ライフケア」などのキーワードが考えられます。キーワードを軸に、「この商品やサービスで何を実現でき、人々の体験をどのように変えるのか」というストーリーを

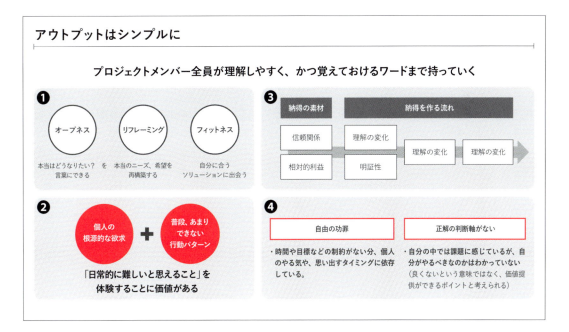

115

作り上げます。

　具体的には、「ハンバーガーで世界の人々の健康を変える」「食べると地球が再生していく」などのフレーズを使って提供価値を強調します。さらに、その価値を1つの文章にまとめて、「食べれば食べるほど地球が再生していく"リジェネラティブ"なハンバーガーレストランを提供する」という事業コンセプトにまとめます。これよりも以前で事業コンセプトの仮説は描いているので、この段階で「アップデート」します。

　もちろん、事業コンセプトの一文だけですべてを表現することは難しいです。そのため、なぜその結論に至ったのか、どのようなプロセスを経てその提供価値に辿り着いたのかを含めた文章を作成します。このプロセスを説明する文章を「ステートメント」と呼びます。事業コンセプトとステートメントを組み合わせて、ストーリーを語りましょう。

　さらに、デザイナーやイラストレーターがいるチームでは、イメージ写真やビジュアルを加えることで、視覚的にもストーリーが強化され、ビジョンが具体的な共通認識としてより強固になります。ストーリーテリングを補完するために、提供価値の視覚化は非常に重要な役割を果たします。**ビジュアルは言葉に頼らずに多くの情報を一瞬で伝える力を持っており、提供価値のイメージがより具体的に伝わります**。例えば、製品が実際にどのように使われるのか、どんな体験を提供するのかをビジュアルで示すことで、顧客やパートナーがその価値を直感的に理解することができます。ビジネスの初期段階においては、プロトタイプや製品そのものがない場合が多いです。そのため、言葉だけではなく、ビジュアルで提供価値や未来の姿を描くことが、周囲の共感を得るために非常に有効となるのです。

　提供価値を言語化し、それをビジュアルやストーリーで支えることで、単なる製品やサービスの説明を超えて、**顧客やパートナーが「その未来に参加したい」と思えるような共感の枠組みを作り出す**ことが可能になります。ストーリーが感情に訴え、ビジュアルが理論を補完することで、提供価値が単なるアイデアやコンセプトから、巻き込まれたパートナーやステークホルダーたちも現実に向かう具体的なアクションへと転換されるのです。

　このように、提供価値のストーリーテリングとビジュアルを駆使することで、イノベーションの実現に向けた大きな一歩を踏み出すことができます。最初は抽象的だったビジョンが、徐々に具体的な形を取り、現実へと近づいていくのです。

5-10　N＝1から事業規模を推定する

私の好きなものとライフスタイルが
フィットする製品がなくて悩んでいたんです。
そんな製品があるなら絶対買いたいです！

- 28歳、女性、独身
- エシカルなライフスタイルをしているインフルエンサーに憧れている
- 環境や社会貢献活動をしているブランドの商品を買う
- オーガニック商品など、環境や社会に悪影響のないものを買う
- 不要になったものを捨てずに、人にあげたり寄付したり売ったりする
- 本当はジャンキーなものが好きで食べたいけど、自分の目指しているライフスタイルに合わないので我慢している

▶ アーリーアダプター、
　エヴァンジェリストカスタマーの可能性が高い

　さあ、これで事業アイデアの骨格ができました。ここで一度、ゴールとしてのビジネスを検討しましょう。具体的には事業規模を推定します。

　イノベーション界隈では「ビジネスの検討は後回しで構わない。徹底的に顧客と向き合うことだけにフォーカスすべきだ」ということがよくノウハウのように語られていますが、私はそれでビジネスが成功した様子を見たことがありません。

　顧客と向き合ってピボットの軸となるコンセプトやストーリーを描くことが最重要なのは同意です。しかしそれだけに向き合っていると、事業規模が明らかに小さくなってしまったり、その後の成長戦略が描けないような行き止まりのアイデアになってしまったりすることは往々にして起こり得ることです。それが商品をすでに開発してしまったり、ましてや大量生産してしまった後に気づいては後の祭りです。

　もし仮にそのような矮小なアイデアなのであれば、ピボットをしなければなりません。だからこそ、まだ引き返してコンセプト検証を追加で行えるこのタイミングで、一度ビジネスの絵を描くのです。

今までのワークから、事業アイデアには、絶対に欲しいと言ってくれるであろう、もしくは、すでに言ってくれたＮ＝１が念頭にあるはずです。しかし、Ｎ＝１と同じ課題を抱えている人が世の中にたった20人しかいないとしたら、当然ビジネスになりません。

　事業の成長性は、これから紹介する方法でシミュレーションが可能です。シミュレーションを行うことで、事業が目指すべき規模や戦略を組み上げられるかが確認できます。また、それと同時に仮説にある思い込みや見逃した点の把握にも繋がります。前後の活動を行ったり来たりしながら検証を行い、その結果をもとに新たな仮説立案を練り直すことで、事業の成功をグッと近づけることができます。

　改めて顧客ターゲットの「像」を言語化します。ハンバーガー事業で言うと、「環境意識が高く、日常的にエシカルな消費を繰り返しているが、罪悪感を持ちながらも美味しいものを食べたい20代」と定義する形です。ここでは多少抽象度が高く、かつ幅が広くても問題ありません。

　次に、顧客"層"を作っていきます。これまで議論し、定義した提供価値のうち、特に重要であり、かつ、その２つが両立することこそが独自の提供価値となるような２つの提供価値をピックアップします。

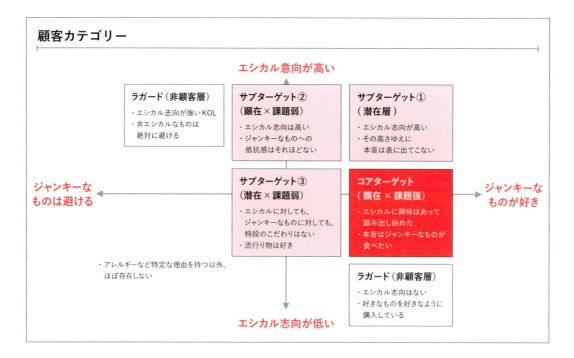

それをX軸、Y軸に当てはめ、4象限を作り、その上で、そこに当てはまる顧客層を作ります。例えば、ハンバーガーショップで言えば「エシカル志向」と「ジャンクなものの好き度合い」を軸にしたとき、そこには「ジャンキー×エシカル層」などがプロットされます。

その上で、どこが初期ターゲットなのか、初期が獲得できた上で狙いにいく大きな市場としてのメインターゲットなのか、どこがターゲットではないのかを明確にしていきます。

この整理により、幸せにしたい顧客をより明確化できるとともに、そのターゲット層がどれくらいいるのかを推定することができるようになります。フェルミ推定を活用し、いくつかの手がかりをもとに論理的に推論します。

フェルミ推定で、特に知られているものは、「アメリカのシカゴには何人のピアノの調律師がいるか？」を推定するものです。

まず仮定のデータを用意します。

> シカゴの人口：300万人
> 1世帯あたりの人数：3人
> ピアノ保有世帯：10世帯に1台
> ピアノの調律回数：1年に1回
> 調律師が1日に調律するピアノの台数：3台
> 調律師の働く年間日数：250日

そこから、推定によって計算を重ね答えを導きます。

> シカゴの世帯数：300万÷3人＝100万世帯
> シカゴのピアノの総数：100万世帯÷10世帯＝10万台
> ピアノの年間調律回数：10万回
> 調律師の1年あたりの調律台数：250日×3台＝750台
> 調律師の人数：10万回÷750台＝約130人

これと同様の考え方で、初期ターゲットの「……層」の人数を推定することで、そこから「確実にあげられると確信できる売上」を推定します。この規模があまりにも低く、我が社が取り組むべきビジネス規模になっていないのだったら、ピボットをしましょう。

COLUMN 夢や目標はいらない。目の前のことに集中する

　新規事業の創出において、私は胸を張って誇れるような成功はできませんでした。そのほとんどが失敗でした。何度も何度も失敗し、その度に心は折れましたが、私はその度に立ち上がり、挑戦を続けました。意欲が薄れることはなく、新しいチャレンジを繰り返してきました。失敗を恐れずに進むことが、新しい学びと成長をもたらしてくれました。

　ゼロワンブースターの合田ジョージさんと濱地健史さんとの出会いは、私にとって大きな転機となりました。彼らとの交流を通じて、私の失敗経験が他の人々にとって価値のあるものであることに気づかされました。そして、この気づきが私を、大企業の新規事業支援という新たな道へと導いたのです。この時初めて、「大企業をイノベーティブにする」という明確な目標を持つようになりました。それは35歳を過ぎた頃のことでした。

　多くの人が若い頃に夢や目標を持つことを求められますが、これは誤ったプレッシャーです。夢や目標がないことを悲観する必要は全くありません。むしろ、それを持たないことは、自分を自由に広げ、さまざまな可能性を探るチャンスだと考えるべきです。

　大切なのは、夢や目標がない中でも、目の前のことに真剣に取り組み続けることです。日々の努力を積み重ねることで、真剣に情熱的に執念を持って取り組み続けていれば、いつか自分が想像もしなかったような道が目の前に広がります。そして、そのチャンスが訪れた時には、迷わずそれに手を伸ばすことがその道を切り拓くことに繋がります。そして、やがて心の奥底から燃え上がるような天命と感じるほどの使命となる夢や目標を見つけ出すことができるでしょう。

　若いうちから夢や目標に出会えることも幸せでしょう。しかしそれは、夢や目標を持てない人間がダメだという話には全くもってなりません。夢や目標を持たなくても、日々を一所懸命に生き抜いていれば、辿り着ける輝かしい頂きがあるはずです。（了）

創業

INCUBATION

提供価値を
サービス化する

第 6 章

1 「ソリューション」を明確化する

6-1 プロダクトやサービスへの形へと具現化する

サービスアイデア仮説

肉じゃないのに肉の味がする、
銀座のリジェネラティブなハンバーガーレストラン

Who：想定エンドユーザー
　環境意識が高い"牛肉好き"
What：提供価値
　牛肉の味をそのままに、余計なことを気にせず欲張りなまま食べられる
How：サービスとしての体験設計
　銀座で体験するニューラグジュアリーなハンバーガー

　ユーザーに対する「提供価値」は、「機能的価値」、「情緒的価値」、「体験的価値」、そして「社会的価値」の４つに分類されます。この４つの価値を明確に定義しなければ、本当に顧客に響く提供価値をプロダクトやサービスとして具現化することは難しくなります。たとえ形にできたとしても、カスタマーサクセスやカスタマーハピネスを実現し、顧客をビジョンへと導くことはできません。これまでの活動で収集した情報を分析し、吟味し、これらの価値をしっかりと定義し、具現化しましょう。

機能的価値

　「機能的価値」はプロダクトそのものの仕様やスペック、具体的な機能を指します。例えば、パソコンであればハードディスクの容量やディスプレイのサイズ、処理速度などが該当しますし、ハンバーガーショップであれば、バンズの生産者、原料、具材などがこれに該当します。「美味しさ」

も機能的価値の一部です。

　これらは、カスタマーサクセスやカスタマーハピネスを実現するために最低限必要なものであり、これをしっかりと提供できない商品やサービスは、顧客に支持されることはありません。しかし、機能的価値だけを追求したとしても、それは漸進的な改善に留まり、言い換えれば既存のプロダクトやサービスのマイナー・バージョンアップの域を超えることはありません。既存事業部が取り組むべき範囲であるともいえます。

　そこで次に重要になってくるのが「情緒的価値」と「体験的価値」です。これら2つの価値をしっかりと明確にすることで、現在の延長線上ではなく、未来の新しい価値を創造することができます。

情緒的価値

「情緒的価値」は、商品やサービスを購入・利用することで顧客が感じる幸福感や優越感、ワクワク感、あるいは達成感などの感情的な反応を指します。Appleの製品を例に考えてみましょう。スティーブ・ジョブズが掲げた「Think Different」というメッセージや、「自分が世界を変えられると

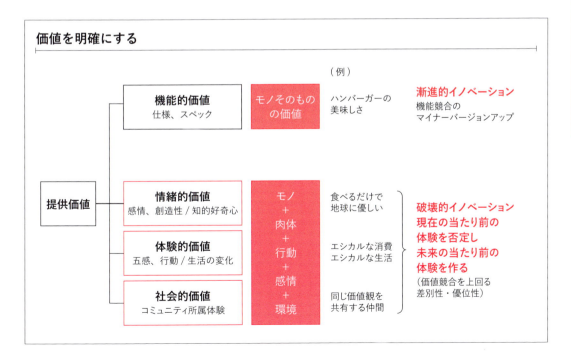

本気で信じるクレイジーな人たちが本当に世界を変える」という理念は、Appleの製品やブランドに対する情緒的価値を見事に体現しています。Appleの製品を選ぶユーザーは、その高性能なパソコンやスマートフォンを単に機能で選んでいるのではありません。Appleの製品を所有し、利用することによって、Appleの世界観の一員となるという満足感や優越感を得ているのです。

ハンバーガーショップに置き換えれば、「エシカルな消費をしている」「地球に優しい食事をしている」といった満足感が、情緒的価値として顧客に提供されるでしょう。これにより、単なる食事ではなく、社会的意義のある行動を取っているという感覚が顧客に生まれ、商品やサービスへのエンゲージメントが高まります。

体験的価値

「体験的価値」は顧客が商品やサービスを利用する際、どのような体験をするかを指します。Appleは、製品の購入過程全体を通じて、顧客に特別な体験を提供することに徹底してこだわっています。例えば、Apple製品のWebサイトでの注文から、自宅に届いた製品を開封し、最初に電源を入れる瞬間まで、すべてが一つの体験としてデザインされています。Apple製品を使ったことがある方なら、その「ワクワク感」や「特別な体験」を感じたことがあるはずです。

ハンバーガーショップの場合も、顧客が店舗でどのような体験をするかが重要です。例えば、通常のファストフードではなく、「エシカルな食事体験」「今までにないハンバーガー体験」を顧客に提供できれば、それは顧客にとっての新しい価値となります。ハンバーガーという多くの人が「ジャンキーな食事」と捉えがちなものに、全く新しい体験を結びつけることで、競合との差別化を図ることに繋がり、顧客のエンゲージメントがブランドへと転換されていきます。

社会的価値

「社会的価値」は、商品やサービスを利用することを通じて、顧客がコミュニティやグループに所属する感覚を得ることを指します。人間は本質的に「群れを作る」ことで安心感や充実感を得る生き物です。エシカルなハンバーガーショップを例に考えれば、エシカルな消費や持続可能な地球環境への貢献という価値観を共有する仲間と出会う場を提供することで、顧客に「自分もその一員だ」という満足感を与えることができるのです。

例えば、製品の販売だけでなく、店舗でのイベントやコミュニティを形成する場を提供することで、顧客が同じ趣味嗜好を持つ人々とつながる機会を提供できます。これにより、顧客同士が情報

交換をしたり、共感を深めたりすることで、ブランドがさらに強固になり、リピーターやロイヤル顧客を育てることが可能になります。

　4つの価値をしっかりと設計し、それらが連携して顧客に届けられるようにすることが重要です。単に**商品やサービスを提供し、機能的価値だけに頼るのではなく、情緒的価値や体験的価値、社会的価値を組み合わせ、その体験全体を通じて顧客に価値を届けることが、競合との差別化を図ることに繋がります**。これにより、顧客は製品やサービスを単なる消費財としてではなく、自己の一部として取り入れ、愛用するようになっていきます。

　提供価値の明確化ができれば、次はその価値をいかにして顧客に伝え、体験させるかが重要となります。プロダクトやサービスのデザインだけにとどまらず、マーケティングやブランディングにおいても、この4つの価値をいかに効果的に伝えるかが成否を分けます。これらの価値を総合的に活かすことで、顧客が想像する以上の満足感を提供できるのです。今後の事業を構成する要素のすべての判断基準となっていきますので、しっかりと向き合って検討しましょう。

第6章　提供価値をサービス化する

6-2 仮説検証方法の選択肢を知る

　サービスアイデアの提供価値が決まったら、次はMVP（Minimum Viable Product；実証可能な最小限のプロダクト）による仮説検証を行います。顧客が実際に手に取ることができる形にし、顧客に直接意見を聞くことで、本当に提供価値があるかどうかを検証します。

　MVPによる仮説検証にはいくつかの方法があります。開発工数やリスク、実証規模、そして何よりも検証目的に応じて正しい手段を選択する必要があります。今回はMVPの中でもPoC（Proof of Concept；コンセプト実証）からPoI（Proof of Idea；アイデア実証）を行う段階へと移行します。PoCはデプスインタビューを通じてN＝1を発見することで完了しておりますので、PoIの方法をご紹介します。

　最も手軽でスピーディに検証する手法が「スモークテスト」です。スモークテストは、電化製品などのハードウェアにおいて、煙や火が出ないかどうかを確認する試験が由来です。

　具体的には、ユーザーにデプスインタビューをするカスタマーリサーチ、ランディングページやコンセプト資料、コンセプトムービーなどを見せて反応を伺うペーパーモック、購入意欲を直接的に確認する企画資料・営業資料などがあります。これらを通じて、提供価値に対する受容性を確認

します。

　スモークテストは定性的な受容性の検証であり、少し手間はかかりますが、定量的に検証を行う方法が「ドライテスト」です。ドライテストはドライランテストとも言われ、本番前にリハーサルとして行うテストのことです。商品が完成する前にテスト販売を行うことで、提供価値がプロダクトの形で説明された上での受容性を「購入意向」によって確認します。

　プロダクトやサービスの機能的価値、情緒的価値、体験的価値を、ランディングページや企画資料・営業資料でしっかりと形にし、通常のプロモーションプロセスの中でターゲット顧客に見せて、購入意向を確認します。ユーザーは商品に興味・関心を持ったとしても、購入に至るまでには、当然心理的ハードルがいくつかあります。スモークテストでは、この心理的ハードルが限りなく少ない状態でPoCを行います。PoIではこの心理的ハードルを乗り越えてでも購入意向を示すユーザーがいるかを確認することが重要となります。

　具体的には、いかなるビジネスであっても、できればランディングページを作成して、リスティング広告やSNS広告を出稿し、予約販売を行うことをおすすめしています。実際に商品を販売することが決まっていなくても、「予約申し込み」の形で購入意欲を確認します。

　なぜこの形がおすすめなのかと言うと、Web上でのテストマーケであれば、広告のクリックスルー、ランディングページの閲覧、コンバージョンまでの一連の流れがすべて数値で確認できるからです。広告が表示されているのにクリックされないのであれば、コンセプトのメッセージが顧客に刺さっていないと判断できます。クリックされてランディングページに辿り着いているのにコンバージョンされていないのであれば、顧客にイエスと言わせる説明ができていないと判断できます。それが、どこまで読んで離脱したかを確認できるツールが導入されていれば、説明の順番が悪いのか、どこの内容が悪いのかを判断できます。また、ユーザーはWeb上の文章を読むときにマウスでなぞるクセがありますので、それを記録するツールが導入されていれば、より詳細に分析することができます。Web上での分析は、ツール選定さえ間違えなければすべてのデータを記録することができるので、仮説検証を定量的に分析することができます。

　もちろんプロダクトの内容や市場、企業の方針によって広告出稿での検証が難しい場合もありますので、それも考慮に入れて、**現段階で最小限の工数でスピーディに検証できる手段を選択し、実証します。**

第6章　提供価値をサービス化する

6-3 「チラシ」でコンセプトの受容性を検証する

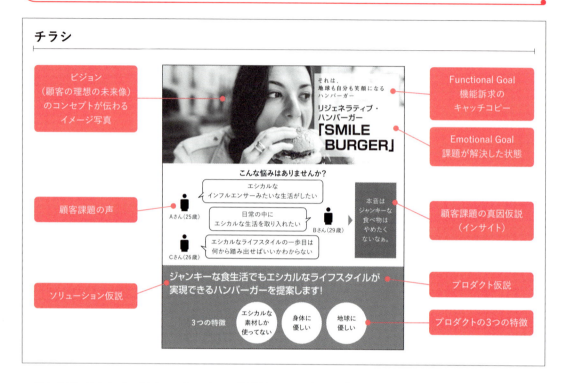

特に制約が少なく、最もスピーディに仮説検証する方法は「チラシ」です。

　提供価値を盛り込んだコンセプトをもとに、ビジュアルイメージやPR文を入れ込んだチラシを作成します。そして、実際のターゲット顧客に対して、チラシで実際の商品を見せて受容性を確認します。
　ここでリサーチする対象者は、これまでインタビューしたN＝1に該当する人たちに繰り返し行うことはもちろんのこと、定義した顧客層の人たちをなるべく多く集めて確認していきます。
　定義した顧客層が顧客仮説となるわけですが、これまでインタビューしたN＝1に該当する人たちが、その顧客層の中で特殊事情に該当し、その顧客層全体には受容性がない可能性ももちろんあるわけです。仮説が正しいか、もし間違っているならどうピボットしなければならないのかを確認するためには、N＝1だけに繰り返し当てていても、得られるインサイトは限られます。ここで初

めてインタビューの「量」も必要となってきます。それでもむやみやたらに200人、300人と広げる必要はありません。定義した顧客の各層に対してそれぞれ最低5人、最大でも20人ぐらいを目安にインタビューしましょう。5人にインタビューすれば一定程度の「検証結果」に辿り着けます。これは経験則ですが、それ以上インタビューしても得られる答えはほとんど変わりません。ただ、「検証して辿り着いた答えが本当に正しいか」を確認するためには、5人で終えるのではなく、統計学的な最小値の20人までインタビューしましょう。そこまでいけば、確実な答えに辿り着いたと言えますし、また同時に社内説明の体裁も整います。

コンセプトを伝えるインタビューはこれまでも行っていますが、チラシに落とし込むのはコンセプトだけでなく、具体的な「説明」です。機能的価値、情緒的価値、体験的価値をより具体的に、過剰にならないレベルで詳細に記載します。具体性を高めることによって、また同時に「チラシ」という実際のプロモーション・プロセスに近いものに仕上げることによって、ターゲット顧客の受容性をしっかり確認します。

ビジョン（顧客の理想の未来像）のコンセプトが伝わるイメージ写真や、機能的価値を訴求したキャッチコピー、エモーショナルゴール（情緒的価値、体験的価値）を訴求した文章を入れます。
さらに、お客様の声や顧客課題、インサイト、商品仮説、ソリューション仮説、商品特徴といった合計8項目を完成させます。この8項目を入れ込んだチラシを想定した顧客層に該当するインタビュー対象者に読んでもらい、どの項目で引っかかったかを確認していきます。
チラシを活用してインタビューを行う際に重要な点が3つあります。
1つ目は、インタビュー対象者が設定した顧客層のどこに含まれるかを必ず確認すること。誰かれかまわずインタビューすればいいわけではありません。どの顧客層に一番ニーズがあるのかを確認することは非常に重要です。仮説として設定した顧客の優先順位が間違っている可能性もあるわけですし、そもそもの顧客層の設定からピボットしなければならないこともあります。
また、どんな意見が聞けても、その意見はすべて無視しなければならない層もあります。キャズム理論では「ラガード」と呼ばれる層で、例えば「ガラケーが世の中からなくなって初めてスマートフォンに買い替えた人」です。彼ら彼女らに対してはどんなインタビューをしても、どんなコンセプトやチラシを見せても、スマートフォンに買い替えることに対してイエスと言うことはないでしょう。それに引きずられて改善を行っても時間の無駄です。ガラケーが世の中からなくなるまで、スマートフォンを買うことにイエスとは言いませんから。
そのため、**インタビュー対象者がどの層に属しているかを確認することは極めて重要**です。

2つ目は、チラシによる検証は「仮説の正しさ」を検証するのではないことです。チラシを見せてインタビューをして、「30人中28人に『いいね』と言ってもらいました」と喜んで帰ってくる人がいますが、その数字データにはまったく意味がありません。
　インタビュー対象者が答える「いいね」には、「すごくいいね」から「どうでもいいね」まで幅がものすごくあります。したがって、「イエス」をもらうことには何の意味もないのです。
　「ちゃんと『すごくいいね』『普通にいいね』『少しだけいいね』と段階を区切ってアンケートをとりましたよ！」と言う人もいます。しかし、それも意味はありません。なぜならば、インタビュー対象者が協力的であればあるほど、インタビュイーと関係ができていればいるほど、インタビュイーに対して気を遣って答えてくれている可能性が高いからです。だから**イエスの意見は信用してはいけない**のです。

　3つ目は、何としてでも「ノー」の意見を聞き出すことです。これは2つ目のポイントの裏返しです。人は「イエス」は曖昧に答えますが、逆に「ノー」ははっきりしています。その理由もはっきり答えられます。好きな人の好きな理由が挙げられなくても、嫌いな人の嫌いな理由ははっきりと言えますよね。それと同じです。
　この否定的な意見にこそ価値があります。チラシの、アイデアの改善すべきポイントが明確になるからです。特に、初期ターゲットとしている顧客層からの否定的な意見は最も重要です。それを受けて**改善を繰り返し、否定する理由が何もなくなれば、彼ら彼女らは必ず買うことになる**からです。

　ここでの仮説検証は「**仮説が正しいかどうか検証するのではなく、いかに間違っているかを検証する**」ということに強く意識を持ちましょう。

6-4 インタビュー対象者をコミュニティ化する

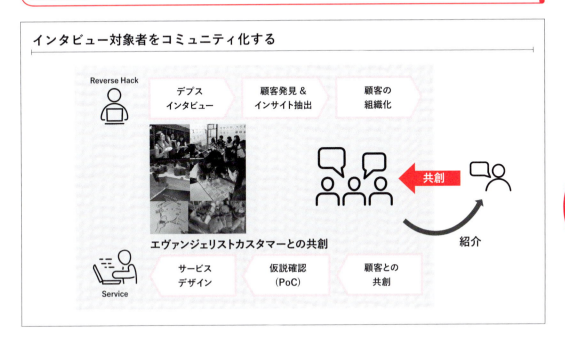

インタビューを通じて、コンセプトに強く共感する顧客を発見したら、可能な限り顧客をコミュニティ化しましょう。ターゲットとなる顧客層に対してチラシを何度も当てて改善を繰り返すように、デザイン思考アプローチでのイノベーションは顧客と共に創る「共創」です。コミュニティ化することで、そのアプローチがとりやすくなり、かつイノベーションを加速させることができます。

具体的には、FacebookなどのSNSのグループ機能や、InstagramやLINEなどのメッセンジャー機能を活用して、この共感者たちをコミュニティ化します。

こちらからの情報通知だけにとどまらず、コミュニケーションを活性化させるような取り組みを行います。何せ同じコンセプトに共感した、同じような感性や価値観を持っている人たちですから、雑談でも盛り上がるはずです。そしてその中で単なるインタビューにとどまらず、グループディスカッションなどを行っています。個別のインタビューでは引き出せなかった「こうしたい」「こうあったらいいのに」という意見が増幅して出てくることは間違いないでしょう。提供価値のヒントとなる良いインサイトが得られるはずです。

また同時に、共感者をコミュニティ化しておけば、コンセプトへの共感がさらに高まるだけでなく、価値提供者である我々チームに対して高いエンゲージメントが構築されています。コミュニティの主要メンバーの立ち位置になっている人たちは、もはや自分たちも提供者側であるかのように振る舞うようになっているでしょう。そうすれば、サービスをローンチしたタイミングで、すでに熱狂的なエヴァンジェリスト・カスタマーがいる状態で始めることができます。ただ買ってくれるだけでなく、周りに広める努力もしてくれるでしょう。コミュニティが、スタート時にいきなり加速させるカタパルトの役割を担ってくれるのです。

日本の国内SNSの先駆けとしてミクシィが人気を博した要因が、まさにコミュニティ活用でした。当時、もちろんミクシィだけでなく、数多くのSNSが乱立していました。ミクシィがその他のサービスとの会員獲得競争で抜きん出た理由の1つは、デザインを「オレンジ色を基調にした」ことにあると言われています。他のサービスが、ザ・インターネットサービスのシンプルなデザインだったのに対し、ミクシィのオレンジ基調が女性ユーザーを引き込むことに成功したのです。毎日使うサービスですから、「楽しい」と感じられるデザインは重要だったわけです。女性が集まるところには当然男性も集まりますから、それによってミクシィは日本でNo.1のSNSへと成長するに至りました。

このオレンジ色のデザインは、正式にミクシィのサービスを開始する前に、インタビュー対象者の女性コミュニティからアイデアが生まれました。もしミクシィが、女性ではなく男性のチームで作られていたら、このデザインには辿り着かなかったでしょう。実際に他のサービスは男性エンジニアによって作られているため、デザインへのこだわりはあまりありませんでした。UIデザインが強い差別化となったわけです。

「細かい機微」であったとしても、その「機微」の部分こそが強い差別化要素となることは往々にしてあり得るわけで、それを顧客と共創していくことが非常に大事です。起案者だけでは辿り着かないところへ、共感によって集まったコミュニティで起こる「共鳴」がそのインサイトへと導いてくれるのです。ターゲット顧客と「共動」で「共創」すると、価値が何倍にも膨れ上がっていくのです。

6-5 顧客体験をデザインする

ユーザーシナリオ

バリューシナリオ
顧客にとっての利便性、嬉しさやビジネス側のメリットを記述したシナリオ

アクティビティシナリオ
サービスが利用されるシチュエーションにおける顧客の具体的な行動、情動を記述したシナリオ

インタラクションシナリオ
顧客がサービスを利用するときに用いるタッチポイントの具体的な操作を記述したシナリオ

https://www.concentinc.jp/design_research/2018/02/sdtools/

　ユーザーのコミュニティ化で顧客への提供価値が明確になったら、顧客体験をデザインしていきます。
　バリューシナリオ、アクティビティシナリオ、インタラクションシナリオなどの手法を使って、体験的価値や情緒的価値を一連の流れになるようにシナリオを作成します。

　顧客は「プロダクトを買う」というその瞬間だけに存在しているわけではありません。その前後にも存在しています。「カスタマー・サクセス」「カスタマー・ハピネス」を実現するためには、「顧客が買う」というただ一点だけで接点を持つことでは実現できません。

　これまでの多くの日本の大企業は、製品を作った後の販売は自社で行っていませんでした。つまり、顧客には「機能的価値」は提供しても、「情緒的価値」「体験的価値」は提供していなかったのです。これでは「ブランド」は構築できません。日本の大企業の人たちは「我が社にはブランドがある」と言いますが、そこにあるのは知名度だけです。ユーザーとコミュニケーションをとっていないから、エンゲージメントはありません。それはブランドがあるとは言えないのです。

イノベーションのプロセスとは、「現在の当たり前の体験を否定し、未来の当たり前の体験」を創ることですから「体験」は必要不可欠で、既存事業よりも幅広いバリューチェーンを自社においてデザインすることに等しいのです。もちろん、それぞれの役割を既存のパートナーに任せることもあるでしょうが、全体的なデザインは自ら携わらなければなりません。

そこまでこだわってこそ、情緒的価値と体験的価値がしっかりデザインできている顧客体験を生み出すイノベーションに至ることができるのです。

ここで目指すべき理想のシナリオは、顧客体験とビジネスの拡大が良い循環になることです。この循環とは、Amazonの創業者であるジェフ・ベゾスが、起業時にスターバックスの紙ナプキンに書いたことで有名な「フライホイール」です。

フライホイールは、自動車部品のホイールが慣性の法則で回っていくことを示す用語です。Amazonのフライホイールにおいては、高い顧客体験を実現すれば、取引量が増える。取引量が増えれば、参入したい売り手が増え、品揃えが増やせる。品揃えが増えれば、顧客体験が引き上がり、さらに取引量が増える。こうして1つ目のフライホイールが回り始めます。1つ目のフライホイールが回って事業が成長すれば、低コスト構造が作れます。すると低価格で商品が提供できるようになり、顧客体験がさらに向上します。ここに2つ目のフライホイールがあります。こうして2つのフライホイールが回る好循環がAmazonの成長モデルです。

==顧客体験をデザインする際には、価値提供を単に入れるだけでなく、いかにしてフライホイールを回す循環を生むかも重要です。==それがデザインできているのといないのとでは、その後の成長速度は大きく変わります。

Amazonのフライホイール

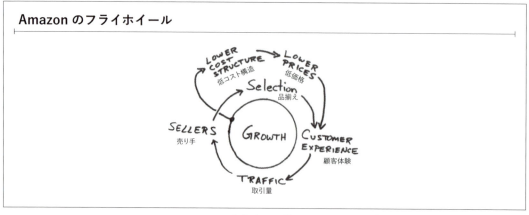

出典：https://www.samseely.com/posts/the-amazon-flywheel-part-1

2 コミュニティによる検証から サービス化した事例

6-6 Sony「BeautyExplorer™」

　本章の最後に、私の所属するキュレーションズが携わったコミュニティ化による成功事例をご紹介します。
　ソニーが開発した肌測定機「BeautyExplorer™」を、ポーラの化粧品販売に活用している事例です。これはソニーが開発したカメラに内蔵されたCMOSイメージセンサーが、肌診断に使えるという

発見から始まりました。

「顧客起点」「デザイン思考」のプロセスを実現するために、「出島化」することが望ましいと判断し、社外で情報収集ができるコミュニティを作ることになりました。

キュレーションズではプロジェクトに「共創オフィス」というコンセプトを持ち込み、常に顧客候補がオフィスに来てもらえるカフェ的コワーキングスペースを作りました。そこをベースにオンラインで1万人、リアルで300人のターゲット顧客候補である有識者の女性や女子大生を集めてコミュニティ化したのです。

何しろオフィスに出社すると、目の前に顧客候補が集まってワイワイと雑談をしているわけです。そこで積極的に情報収集をしたり、デプスインタビューしたりしました。何か確認したいことができたら、即座に目の前の顧客候補に聞いたり、ワークショップやディスカッションを行ったりすることができるので、プロジェクトの進行スピードも圧倒的でした。

コンセプトやアイデアに確信を持てなかった上司や役員たちも、顧客候補がワイワイ楽しんでディスカッションしている様子を見て、「ターゲットではない自分たちが判断してはならない。ターゲットが必要だと言っているのだから」と、最終的に事業化の承認判断が下りました。

こうして、ソニーの肌測定機は実用化され、ポーラの化粧品売り場で基礎化粧品などを顧客に提案するためのツールとして活用されています。現在はソニーとポーラによるジョイント・ベンチャーとしてSOULA株式会社を作り、今ではビッグデータを活用したヘルステック企業として活動しています。コミュニティを作るからこそ、イノベーションは加速させることができるのです。

FORMURATION

公式化

ビジョン実現の成長戦略を描く

第 7 章

1 ビジョンへのストーリーを構築する

7-1 ビジョンへの実現に向けた戦略を描く

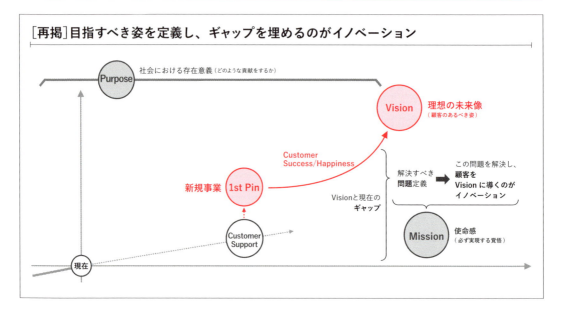

［再掲］目指すべき姿を定義し、ギャップを埋めるのがイノベーション

　ここまで、顧客N＝1にフォーカスしながらフォアキャストでコンセプトから提供価値、アイデア、顧客体験を創りました。
　ここで一度、最終的に目指すべきビジョンからバックキャストして、事業戦略を俯瞰して考え、ビジョンへのストーリーを構築しましょう。

　ここまで徹底的に顧客と向き合ってきました。当然のことながら、目の前のN＝1の顧客を幸せにすることは重要です。しかし、それはあくまで最初の一歩であって、ビジネスですから最終的には社会に大きなインパクトを与え、大きな事業を生み出さなければなりません。N＝1から売上を立てることは大事な一歩です。かといって目先の小さな売上、利益のために新規事業を創出してい

るわけではないのです。

　そのため必ず定期的に俯瞰して「グランドデザイン」を見直すことが必要です。フォアキャストで歩み始めた一歩が、最終的なビジョンの実現や社会にインパクトを与えることに繋がっていくのかを、バックキャストで見つめ直すのです。

　新規事業の進捗説明を上司や経営陣にすると、どうしても「3年から5年で黒字化するためにどうするか？」「売上を上げるプロモーション施策は？」などの目先の売上・利益を追求することを求められます。既存事業においてはそれが最も重要な指標ですから、既存事業のエースとして出世してきた上司や経営陣が、そこに一番重きを置くのは仕方のないことです。しかし、目先の売上・利益を追求することをイノベーションに挑むチームに課せば、本質的にはやるべきではないが売上・利益が上がることを選択してしまう結果となります。そしてそれがビジョンの実現のためにはやるべきではないことであっても、選択してしまうのです。すると、せっかく共感によって得られていたN＝1たるエヴァンジェリスト・カスタマーたちのエンゲージメントは下がり、ブランドは毀損します。**目先の売上・利益を追いかけることは、結果的には長期的な事業構築を阻害してしまうのです。**

　イノベーションにおいては、売上・利益よりもビジョンこそが最も重要です。今、売上・利益が大きくならなくても、計画通りに成長しなくても良いのです。10年後20年後にビジョンを実現するための一歩が着実に重ねられていることが重要なのです。「何のために新規事業を行っているのか？」という意味・意義からの俯瞰的な目線を見失うと、新規事業が大成することはないでしょう。

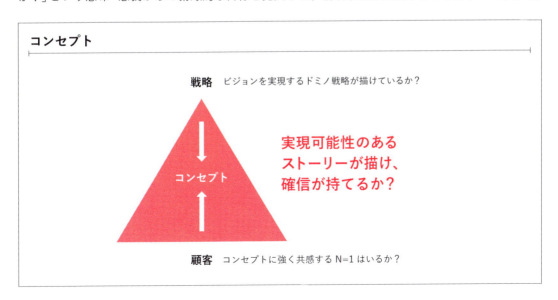

第7章　ビジョン実現の成長戦略を描く

目先の売上・利益を追いかけたくなる気持ちはわかりますが、それをグッと抑え、グランドデザインの達成のための一歩が踏み出せているのかをしっかりと議論するように心がけましょう。

例えば、BtoBtoCの事業アイデアに取り組んでいるときに、目先の売上・利益をKPIとしてしまうと、よく陥りがちな落とし穴があります。それは、本来は最終消費者・最終受益者であるtoCを幸せにするための事業にもかかわらず、ビジネスパートナーであるtoBの御用聞きとして商品開発をしてしまうことです。業界の業務効率化を目指したSaaSシステムの開発のためのインタビューを行っていたのに、気づいたら単なる個社ごとの受託開発事業になってしまった、というのはよくある話です。

また、研究者や技術者は、顧客ニーズをほったらかしにして、仕様やスペックをいかに高めるかを追求してしまいがちです。日本人は「道」の追求をする民族で、その道を徹底的に極める傾向が強く、その重箱の隅をつつくようなこだわりが、ジャパン・ブランドを作るに至ったのは間違いありません。技術はあくまで手段であって、イノベーションの原点として追求すべきなのは「顧客体験」です。ここも見誤らないように注意したいポイントです。

新規事業においては、やはりどうしても目先の売上・利益を上げたくなります。そのため、**目先の売るためのプロモーション戦略や直近のキャッシュポイントに偏った戦術をとりがちです。"悪魔のささやき"に惑わされないように、グランドデザインを描き、定期的に振り返ることが重要です。**

7-2 事業を評価する6つの眼

　新規事業のグランドデザインを描く上で不可欠なのは、「事業を評価する客観的な視点」です。新規事業に取り組んでいると、どうしても「確証バイアス」に陥り、自分の期待や仮説に合致する情報だけを集めてしまう傾向が強まります。これはプロとして数多くの新規事業に取り組んでいる人でも陥ってしまいます。新しい事業に情熱を注ぐあまり、批判的な視点やリスクを見逃してしまうのです。このような状況を避けるためには、**意識的に客観的な視点を持ち、事業の進捗や方向性を冷静にチェックする習慣が重要**です。

人の眼：起案者自らが検証結果に腹落ちできるか。

　「人の眼」は、**起案者自らが検証結果に納得し、自信を持って説明できるかどうかを評価するもの**です。新規事業は、既存事業と違って、成功が確実であるという証拠を揃えるのが難しいです。データやエビデンスが不十分な中でも、自ら仮説を立て、その仮説を検証し、結果として得られたストーリーに対して確信を持てるかどうかが成否の鍵となります。自分が実証したことに対して自信を持てるようになるまで、行動を積み重ねることが必要です。

リーダーが自信を持って事業の進捗を説明できなければ、プロジェクト全体の信頼が揺らぎます。特に役員や経営層への説明では、確信を持って発表することが重要です。役員たちは、新規事業の継続や投資の判断をする際に、必ずしも完全なエビデンスを求めるわけではありません。最終的には、「この起案者が任せるに値する人物かどうか」が判断基準になります。もし自信を持てずに発表してしまえば、役員から信頼を得ることは難しくなります。

鳥の眼：戦略全体を俯瞰できているか

　「鳥の眼」は、事業全体の戦略を俯瞰する視座の高さを指します。新規事業を進める際、目の前の課題だけでなく、長期的なビジョン達成に向けた全体の流れを見渡す力が必要です。今取り組んでいることはドミノの1ピース目として適切か。1つの事業の成功が次のステップにどうつながり、2ピース目が倒れるのか。3ピース目、4ピース目と順々に倒れていって最終的に大きな目標を達成するために、必要な要素が揃っているかを確認します。この全体像をしっかりと描いているかどうかが、グランドデザインの達成には重要であり、もちろん結果的にどうなるかはわかりませんが、少なくともこの段階で、戦略として描いたその全体的な流れに違和感を感じることなく、確信が持てるかの確認は不可欠です。

虫の眼：顧客の解像度は圧倒的に高くなっているか

　「虫の眼」は、顧客や市場に対してどれだけ深い理解を持っているかを示す視点です。新規事業を進める上で、顧客のニーズや市場の動向、競合の状況、法律や規制などを詳しく知っていることは欠かせません。顧客の立場に立ち、顧客を憑依させて事業を語れるほどの深い理解をしておくことが重要で、また同時に社内の誰よりもテーマ領域において専門家になっていなければなりません。これらをしっかりと把握していないことが、最も大きな事業リスクになります。

魚の眼：2年前ではなく2年後ではなく、なぜ今取り組むべきなのか

　「魚の眼」は、なぜ「今」その事業に取り組むべきなのかのタイミングに関する視点です。2年前や2年後ではなく、今この瞬間に取り組むことが重要である理由を説明できるか。技術革新や市場の変化を踏まえ、事業が長期的に成長できるかどうかを見極めることです。

　タイミングを見誤らないための今取り組むべき理由と、未来の変化に対しても適応できる強固なビジネススキームを描いていることが重要です。例えば、Amazonが初期に書籍を商材として選択したことと、その後の成長に繋がったフライホイールモデルを描いたように、時間が経つほど強固になるビジネススキームは理想的です。

コウモリの眼：複数の目線に立った検討ができているか

「コウモリの眼」は、イソップ寓話の『卑怯なコウモリ』という話で、コウモリが「自分は鳥の仲間」「自分は獣の仲間」と、都合よく立場を変えたことから引用しています。これは、**複数の視点から事業を評価する**ことを示します。新規事業を成功させるためには、顧客と向き合うことは最も重要です。また、スタートアップが投資家やVCと向き合うことと同様に、新規事業においても社内の上司、役員など、さまざまなステークホルダーに対しても納得してもらう必要があります。

単に報告をして、"伝える"だけでなく、彼らが事業の未来に対して共感し、投資判断を下すために"伝わる"コミュニケーションを取らねばなりません。新規事業の経過報告を素直にすれば、既存事業と比較したら、小さい範囲で小さい活動をしているようにしか見えません。経営層への説明においては、どんな未来を創ろうとしているのかを、既存事業の戦略とフィットさせ、既存事業では取り組めていないことを行おうとしているという戦略的ポジショニングを説明することが重要です。

この視点を実行に移すためには、役員や上司との対話は必要不可欠です。経営会議や報告会のタイミングで一発勝負をするのではなく、事前に役員と意見交換を行い、彼らの視点やアドバイスを取り入れるのです。役員室や社長室に直接訪ねるか、秘書に「30分お時間をいただけませんか？」と連絡して時間を確保してもらいましょう。私は、メガベンチャー企業で新規事業に挑戦していた頃、担当役員のミーティングの合間を狙って会議室の前で待ち伏せをしていました。そして役員が部屋から出てきた瞬間に、歩きながらやエレベーターに乗りながら、説明や報告をしていました。1分や2分でポイントを絞って説明すれば、「これはいいよ」「これはダメだよ」とその場で指摘を受け、その理由を伺うことができました。現場の若者が直接尋ねてきて嫌がる経営層はほとんどいません。

医者の眼：やるべきこと、避けるべきことがメタ認知によって正しく捉えられているか

「医者の眼」は、**自分の事業を客観的に評価するために、第三者の意見を取り入れる**ことです。たとえ事業創出のプロフェッショナルであっても、確証バイアスにとらわれず、自分の事業を自分で客観的に見ることは不可能です。イチローや大谷翔平などのトップランクのスポーツ選手にもコーチがつくように、メタ認知をしてくれるプロのコーチをつけるべきです。社外の第三者である経験豊富なメンターからアドバイスをもらうことによって、事業の失敗確率を下げることが可能となります。複眼的に様々な角度から事業を見直す機会を定期的に持つことで、新規事業の立ち上げにおける落とし穴を避け、失敗確率を下げた状態で挑戦することが可能になります。

こうした複眼的な視点を定期的に取り入れ、事業を客観的に評価することが、新規事業の成功を左右します。それぞれの視点を活用することで、事業の進行におけるリスクを最小限に抑え、成功への道筋を確実に描くことができるのです。

7-3 売上は「ミルフィーユ型」でシミュレーションする

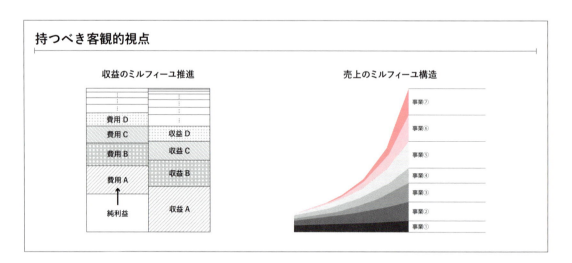

持つべき客観的視点

収益のミルフィーユ推進／売上のミルフィーユ構造

　事業規模を100億円、1000億円といった大規模なものに成長させるためには、シンプルなビジネススキームや単一のマネタイズポイントだけでは不十分です。長期的な成長を見据えるのであれば、収益の柱を複数持つことをあらかじめ想定しておく必要があります。ビジネスの売上グラフは、まるでミルフィーユのように、各層が積み重なることで全体が成長していく形を目指します。

　新規事業の立ち上げはよく「小さく始めて、大きく育てる」と表現されます。この考え方は非常に重要で、まずはN=1の限定的な顧客層をターゲットにしたプロダクトやサービスを小規模にスタートすることが推奨されます。特に新規事業の初期段階では、限られたリソースでリスクを最小化しながら試行錯誤を繰り返す必要があります。この段階では、すべてのリソースを注ぎ込むのではなく、あくまで「テスト」の意味合いを持たせてプロジェクトを進行します。

　しかし、「小さく始める」ことを過剰に強調してしまうと、当然ビジネス全体の規模が小さくなり、収益も限定的となってしまいます。最終的な目標を見据えずに進めると、事業が小規模なまま停滞し、「大きく育てる」ための視点が欠けてしまうことが起こりえます。

　そこで、最終的なビジョンを明確に描き、長期的にビジネスを拡大していくためのステップをしっかりと計画することが重要となります。たとえ初期段階の売上が小規模でも、将来的な成長を見据え、計画を進めていくことで、大きな事業へと成長を果たすことができます。将来的には、複数のプロダクトやサービス、マネタイズポイント、さらに他の市場や地域への展開を考慮しながらビジ

ネスプランを構築します。**ビジネスを段階的に拡大し、売上を積み上げていく戦略を持つ**ことで、最終的に100億円、1000億円規模のビジネスに成長させることが可能になります。このように成長戦略をあらかじめ明確に描くことで、長期的な目標に向けたブレないプロジェクト進行が可能になります。

　また、社長や役員に対しても、この成長戦略を明確に示すことが大切です。特に新規事業の初期段階では、投資対効果を判断するためにも、現時点でのビジネスモデルや成長計画がどれだけ現実的で妥当かを示す必要があります。単に短期の売上をただ追いかけるのではなく、どのようにして収益を積み上げていくのか、どの市場に拡大するのか、どのようなマネタイズポイントを増やしていくのかなどの観点から、収益を最大化する具体的な戦略を示します。これにより役員からの理解や支持を得ることができ、日々の仮説検証や小さなステップでの承認に躓くことが少なくなります。

　ハンバーガーショップを運営する場合、リジェネラティブなハンバーガーの販売を通じて年間売上200億円を目指すとします。しかし、商圏内にターゲットとなる顧客層が5000人しか存在しない場合、1人あたりの年間ハンバーガー購入額が400万円を超える必要があり、これは現実的には不可能です。このような状況では、ターゲット層を広げるか、新たなマーケットへの進出、あるいはマネタイズポイントを増やすなど、戦略の転換が必要です。長期的な成長を見据えることで、現段階でのピボットの必要性にも気づくことができます。成長過程で見えてくる問題点に柔軟に対応しながら、事業の方向性を見直すことで、長期的な成功へとつなげるのです。

　ビジネスを成長させるためには、ブランド力の向上や顧客のロイヤルティを高めることも重要です。顧客が製品やサービスを選び続ける理由を提供することで、リピーターの確保が可能になり、長期的な収益の安定化につながります。売上をミルフィーユ型で考えるためには、売上に直結するビジネススキームやマネタイズポイントだけでなく、顧客体験を向上するサービススキームにおいても、ミルフィーユ型の観点で構築することが重要です。

　事業の成長、特に大きな成功には一朝一夕で辿り着くことはありません。新規事業の立ち上げにおいては、柔軟性と堅実さを両立させながら、長期的な視野を持って取り組むことが成功への道筋となります。**単なる目先の売上の拡大だけで大きな成功に届くことはなく、ビジョンに基づく成長戦略、収益の多様化、顧客のロイヤルティ向上など、さまざまな要素が重なり合って実現されるもの**です。明確なビジョンを持ち、そのビジョンに向けて一貫した戦略を実行していくことで、持続的な成長を実現できます。段階的にビジネスを成長させていくためにも、定期的にその戦略を見直すことは不可欠です。

7-4　新規事業の成長はミニマムスタート

　新規事業を着実に成功させるには、順番通りに組み立てる「ドミノ戦略」が非常に重要となることは、第4章4項で語りました。ドミノ戦略の1つ1つのステップを理解することが、グランドデザインを描くことに繋がりますので、ここではより詳細にお伝えします。

戦略①：N＝1に刺さる提供価値を見定める

　本書でここまで解説してきたプロセスです。顧客と徹底的に向き合い、顧客行動起点でインサイトを抽出し、提供価値を定義し、それに圧倒的に共感するN＝1を発見し、プロダクトアイデアに仕上げ、チラシベースでの受容性の検証を行い、事業化の可能性がゼロではないことを証明しました。

戦略②：初期ターゲットに圧倒的に刺さるブランドを確立する

　「このプロダクトは絶対に欲しいので、必ず実現してください！」と圧倒的に共感してくれるN＝1を作ること。そしてそのN＝1に類する顧客"層"の人たちをコミュニティ化することが、そのままブランド化へと繋がります。顧客により良い情緒的価値、体験的価値を提供し、その良い体験が積み重なれば積み重なるほど、消費者に対するランドイメージによってサービスの価値を左右する「ブランド・エクイティ」を蓄積することができます。それがそのまま資産となり、差別化・優位性を生み出し、売上へと結びつき、永続的な成長に繋がっていきます。

戦略③：共感の浸透による顧客ターゲットの拡大

　N＝1かつアーリーアダプターは、課題やニーズに対して"自分事"として向き合っているので、N＝1で設定した仮説が正しければ、プロダクトやサービスを購入してくれるはずです。そして、そのプロダクトやサービスの良さを知った"仲間ゴト"の他のN＝1やN＝1に準ずる人たちが追随して購入します。最後にテレビ番組やCMで頻繁に目にするようになった"世の中事"の人たちが購入します。このように段階的に、顧客ターゲットを拡大していきます。

戦略④：プロダクトの拡張

　顧客が拡大するにつれて、徐々にニーズも多様化していきます。そのニーズに合わせて、段階的に機能を拡張していきます。

最初からすべての人のニーズを受け入れてプロダクトを開発すれば、異なるニーズを"全部載せ"したような、まるでニューヨークの屋台で定番の「チキンオーバーライス」のように、「ライスの上に肉と野菜を載せたスパイシーフード」になります。チキンオーバーライスはたまたま偶然美味しくなったから良いものの、全部載せしたからといって美味しくなるケースはほとんどありません。すると、そもそも最初のN＝1にすら刺さらなくなります。「これは私向けのプロダクトではない」とN＝1が感じてしまうのです。「みんなにとって良いものは、みんなにとってどうでもよいもの」なのです。そして、ブランド化の一歩すら踏み出せなくなります。

　しかし、最初にN＝1に類する人たちと強い関係を築き、ブランドが確立されていれば、どんなにプロダクトを拡張しても、よほどのことがない限りN＝1は継続的に愛用してくれます。その理由は、プロダクトそのものではなく、コンセプトやブランドに共感しているからです。

　最初から理想の状態の全部載せのプロダクトを開発するのではなく、段階的に機能を拡張していくことが重要なのです。

戦略⑤：スケールアップ／スケールアウト

　トラクション（顧客数やアクティブユーザー数の増加率など、そのサービスの成長を予期させる進捗や勢い）が回り始め、安定的に成長し始めたら、さらなる事業拡大を狙います。

　スケールアップとは、ビジネス・スキームを成立させている要素のどこかを拡大させるものです。具体的には、対象とするマーケットを拡大する、獲得するチャネルを拡大する、DtoC販売者が卸業を始めるなどです。

　一方、スケールアウトとは、同じビジネス・スキームの横展開です。これには別のマーケットや海外展開、フランチャイズ化などが含まれます。

　仮に、売上10億円を1年で達成しようと、無理に相当な資金やリソースを投資したとします。そうすると想定通りに事業が成長しなかったときに、大きな投資を無駄にしたくないという感情が生まれます。その結果、明らかに成長できない要因がそこに散見されても、ここまでやってきたのだからと撤退の判断が鈍くなり、さらに無駄な投資をし続け、そしてまたどんどん撤退の判断ができなくなるという悪循環に陥ります。これはコンコルド効果やサンクコストバイアスと言われ、その状態に陥ると大きな失敗に繋がるリスクがあります。

　それを避けるためにも、**最初はミニマムで事業をスタートさせ、しっかりと着実に仮説検証を繰り返しながら、ドミノ戦略で段階的に事業を拡大させていきます**。何からやるべきかを見定めて、一歩ずつ着実に歩みを進めていきます。その結果、しっかりとした基盤が構築できるため、新規事業の長期的な成長に繋がるのです。

7-5 グランドデザインを描く

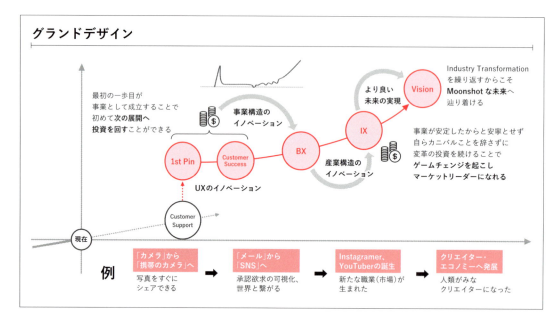

　ここまでの検討ができたら、グランドデザインが描ける材料が揃いました。グランドデザインとは、N＝1で設定した顧客候補がビジョンの状態に辿り着くまでのステップを1枚にまとめたものです。これには、「①UX（ユーザーエクスペリエンス、顧客体験）のイノベーション」「②事業構造のイノベーション」「③産業構造のイノベーション」「④より良い未来の実現」の全体像が含まれています。

　グランドデザインを描くことは、社内の経営層への大きな説得材料になります。経営層から早々に事業を止められる多くのケースは、ビジョンの合意形成ができていない場合に起こります。例えば、目標売上のみで合意形成していれば、立てた目標とズレが生じたときに即座にストップがかけられてしまうでしょう。安易にKPIを設定することが必ずしも良いことではないのです。一方で「未来のビジョン」を明確にし、それを実現することに対しての合意が取れていると、現状の進捗が悪かったとしても「実現に向けてどう改善するか」の議論をすることができ、即座にストップがかけられる事態は避けられます。抽象度の高いビジョンだけでなく、そこに至るステップまで含めたグランドデザインの大枠での合意が取れていれば、日常の活動に関してはしっかりと「改善」の議論

ができます。いわば経営層が単なる評価者の立ち位置から、共にグランドデザインを航海する仲間となるのです。

カメラを例にとりながら具体的に説明していきましょう。

①UXのイノベーション

「①UXのイノベーション」は、ドミノ戦略のミニマムスタートにあたります。最初の一歩目は小さく始めることがもちろん大事ですが、最初に目指すべきゴールは「圧倒的なUXの実現」です。「現在の当たり前を否定し、未来の当たり前を創造する」ことを目指しましょう。社会において顧客行動が抜本的に変化するぐらい圧倒的なUXを実現するのです。

例えば、カメラが携帯電話についたとき、顧客行動は大きく変化しました。それまではカメラで撮影した写真は「現像」という過程を経て、印刷された写真を眺めながら思い出話に花を咲かせるためにありました。しかし、カメラが携帯電話に付いたことで、写真は「撮ったらすぐに誰かにシェアするもの」に変わりました。写真は「今この瞬間の楽しさを、今すぐ誰かと共有する」ものへと変わったのです。この「圧倒的なUXの実現」により、従来のカメラのマーケットは縮小し、カメラ付き携帯電話のマーケットは拡大しました。レンズの良さや写真の画質を追求していたユーザーはほんのごく一部であり、ほとんどのユーザーにとっては画質が悪くても「シェアする」という行動の方が価値が高かったのです。まさにこれがインサイトです。

②事業構造のイノベーション

「圧倒的なUXの実現」ができたら、次は「②事業構造のイノベーション」です。競合に真似されて、顧客が奪われるリスクがあるため、競合を凌ぐ優位性や、顧客が使えば使うほど離れられなくなる付加価値をいかにつけるかを考えます。ときにはその付加価値そのものが他社によって創出されるケースもありますので、その場合には、他社といかにシームレスに連携するかが鍵となります。

写真のシェアがメールからSNSに置き換わったことで、世界へのアクセスが可能となり、"いいね"や"フォロワー"などの承認欲求の可視化によってさらに利用者が急増しました。SNSの存在が、カメラからカメラ付き携帯電話への移行をさらに加速させました。

③産業構造のイノベーション

「③産業構造のイノベーション」は、簡単に言えば、それによって新たな市場が誕生することになります。SNSの登場により、インスタグラマーやYouTuberなど、カメラを日常的に使う新たな職業（市場）が生まれました。そして「より良い未来の実現」としてクリエイターエコノミー、つまり

第7章 ビジョン実現の成長戦略を描く

人類みなクリエイターとなり、以前は消費者であった個人が発信・販売側にもなれる双方向の経済圏が完成するに至りました。

　ここで例に挙げたものは「カメラ産業の没落」と「SNS産業の隆盛」という二面を1つのグランドデザインの中で描く形になりましたが、これを自社によってすべて実現することを目指して描くのがグランドデザインです。特に自社産業が衰退していく可能性は誰にとってもあり得る中で、自社産業が新たな産業へと生まれ変わることを、他社のイノベーションによって引き起こされるのではなく、自ら変化を目指すビジネス・トランスフォーメーションは、社内新規事業において目指すべき世界の1つです。

④より良い未来の実現

　もちろん、「③産業構造のイノベーション」から「④より良い未来の実現」までたどり着くのは容易ではありません。描いたステップ通りには進まないことが多いでしょう。なぜならば外部要因、特に顧客行動の変化など、狙った通りにスムーズに移行するとは限らないからです。カメラの例も結果論をグランドデザインに落とし込んだものと言えばそうです。しかし、だからといってグランドデザインを描かなくて良い理由にはなりません。グランドデザインを想定し、描くことで壮大なイノベーションを実現することができるのは確かです。
「アフターデジタル」の社会変革を牽引したAppleの一連の成功も、スティーブ・ジョブズがiPodや、さらに遡ればiMacを作ったときから頭の中でグランドデザインを描いていたと言われています。その証拠がiTunesの開発にあります。もし彼が単に美しいプロダクトを作りたかったのであれば、iPodだけで十分だったはずですが、そこに音楽や映像データを管理するiTunesを導入したことにより、Appleをハードウェアメーカーからプラットフォーマーへと転換させるきっかけになったのです。それがiPhone、iPad、Apple Watch、そしてApple Vision Proへと繋がっています。まさにグランドデザインがあったからこそ、Appleは世界一位の企業の道を歩んでいくことができたわけです。
　グランドデザインを描き切るのはとても難易度の高いことですが、グランドデザインを描こうとしなければ、社会変革に繋がるイノベーションを起こせないのも事実です。綺麗に描くことを目指さず、思考実験的で良いので「社会に対してどうやってインパクトを出すか」を常に考え続けましょう。そして経営層と対話を続けましょう。「グランドデザイン"思考"」とは、その「過程にこそ価値がある」ことを示しています。

2 成長戦略の事例

7-6 Amazon/Apple/LINE

出典：https://www.mein-pompan.com/entry/amazonhistory/

　ここでは、グランドデザインを描いて成功した事例を具体的に紹介していきます。
　Amazonは書籍のECサイトから始め、徐々に商品カテゴリーを広げて、グローバル展開し、現在の地位を築きました。創業者のジェフ・ベゾスは「あらゆる商品を扱うECサイトを構築したい」と元から考えていました。
　そこでファースト・ピン（1ピン目）は、ビジネスとして実現可能性の高い書籍を選んだと言われています。書籍は通常、出版社から仕入れ、売れ残ると返本となります。つまり仕入れコストがか

かりません。そして同時に代替手段となる本屋は、棚のスペースに限りがありますので、売上が確実に上がる本しか並びません。そこで、Amazonは通常の書店では扱えない、年間1冊しか売れない書籍を扱えることに目をつけたのです。それが圧倒的なUXとなり、顧客を獲得し、顧客がいるから商品が売れるという循環を作り出し、最終的に、「すべての商品を扱うECプラットフォームで世界を獲る」というビジョンを実現しています。

　ここまで想定していたかは不明ですが、培った技術を別の市場にも展開し、AWS（アマゾン・ウェブ・サービス）を実現。これは全体的なサーバー費の節約やさらなる技術力の向上に寄与しました。

　そして単なる物販からデジタル市場への参入によって、Amazon Kindle、Amazon Prime Videoへと進出し、さらに顧客体験を向上させています。

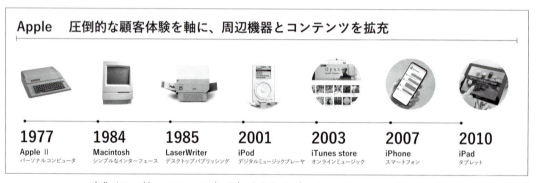

出典：https://www.cnet.com/tech/tech-industry/apples-origins-an-oral-history-from-inside-the-loop/

　前述しましたが、Appleにおいてはスティーブ・ジョブズは最初からiMacやiPodデバイスからiTunesというコンテンツプラットフォームへの流れをイメージしていたと言われています。

　AppleのCEOに復帰した当時、彼が最初に行ったことは製品ラインの見直しと、iMacの開発でした。ハードウェアからOSまですべてが一体となった美しいUIと、それによって醸し出されるUXは、Appleが変わったと人々に感じさせる大きなきっかけとなりました。

　そしてiPodの開発に入るわけですが、その裏でスティーブ・ジョブズは、日本のガラケーに触発されて、その後のグランドデザインを描きました。すでにiPhoneからその先へと目は向けられていたのです。アメリカではガラケーは「初期のスマートフォン」に分類されます。通話のために生まれた携帯電話が、日本において手のひらサイズの小型パソコンに進化していったように、スティーブ・ジョブズの目には映りました。

　iPodはソニーのウォークマンを超えることを目指し、「1000曲をポケットに」というコンセプトを打ち出して、まさにウォークマンを超えるUIを実現しました。これによりAppleのブランドは

完全に確立されました。

　その後、iTunes Store が登場します。これはウォークマンを超える UX を実現しながら、プラットフォーマーへと自社を変革させる大きなきっかけとなりました。ウォークマンをはじめとした小型音楽プレイヤーは、音楽 CD を買うか、もしくは借りてきて、自宅で小型音楽プレイヤーに入れ替えをするという手間がありました。これを削減し、インターネットから直接 iPod に購入できるという圧倒的な UX の実現を行いながら、音楽販売業者としても自社を位置づけたのです。

　そして、満を持して iPhone の登場です。ここでもスティーブ・ジョブズはガラケーを超える UX を実現しました。当時のガラケーは、メーカーが機能をすべてプリインストールした状態で販売されており、消費者はそのまま受け取って利用するほかありませんでした。そして約 1 年後には新しい機種が販売され、ユーザーは買っては捨てを繰り返さなければ新しい機能は使えませんでした。

　1 年経っても古くならなくて、インターネットが活用できる携帯電話を作る。こうして iTunes Store がすでにあった Apple は、iPhone と App Store という組み合わせによって、新たな UX のイノベーション、そして産業構造のイノベーションを実現しました。**自分好みに機能を追加できるだけでなく、サードパーティにその機能の開発を解放することによって、その可能性を無限に広げていきました。そして「アプリ開発産業」**が生まれたのです。

　シリコンバレーではビル・ゲイツが提唱する「通信と放送の融合」が未来のビジョンであるという見方が強かった中、スティーブ・ジョブズは日本のウォークマンやガラケーをヒントに、Apple の停滞脱出、顧客行動の変化、社会の変革、そして企業価値世界一への階段を駆け上がっていったのです。

第 7 章　ビジョン実現の成長戦略を描く

153

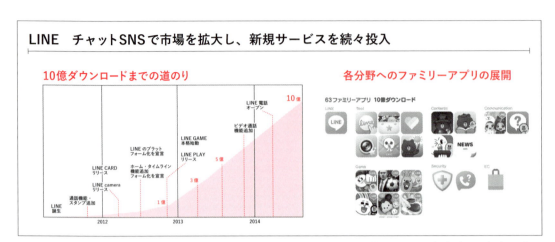

出典：https://linecorp.com/ja/pr/news/ja/2014/766

　LINEは元々、中国のWeChatアプリを意識していたとされています。WeChatとは、1つのアプリで人々の生活に役立つ機能がすべて集約されたスーパーアプリです。

　LINEはスーパーアプリを目指すため、まずはチャットサービスから始めました。LINEと同時期にチャットアプリは多数登場していましたが、可愛いキャラクターのスタンプを大量に販売したことでLINEユーザーが爆発的に増えていきました。ユーザーが増えた後に、お財布機能や保険加入、株購入などの機能を徐々に追加し、スーパーアプリ化が実現しました。

　LINEの競合であるチャットアプリが軒並み撤退した理由は、グランドデザインを描けていなかったことにあると考えられます。「流行っている」という理由だけでチャットアプリやコミュニケーションアプリを作ったため、それがスタートでありゴールでした。単にチャットをすることを顧客が求めていると考えて、明らかにテキトーに作られたものでした。

　LINEはその先を見据えていたからこそ、手前でUXのイノベーションに本気に取り組むことを志し、UIに徹底的にこだわり抜いたのです。いかにしたら顧客が熱狂するか。それがスタンプであり、スタンプのキャラクターたちのビジネスやアニメ、そしてゲーム展開でした。それが一部のコアなファンの心を掴み、ブランド化し、そこからネットワーク効果により、日本中の人たちが活用するアプリへと成長していったのです。

　==「顧客をどうやって熱狂させるか」をしっかり考えたUX設計が差別化となり、LINEの事業成長に繋がったのです。==

出典：https://linecorp.com/ja/pr/news/ja/2014/766
https://diamond-rm.net/technology/100798/
https://ttg.co.jp/press-release/2020/11/1681/

　最後に、日本で唯一実用化されている無人決済システム「TOUCH TO GO」の事例です。株式会社TOUCH TO GOはJR東日本の子会社です。TOUCH TO GOは、駅構内のキオスクの閉鎖が非常に多いという課題から始まりました。そして、これは自社のみの課題ではなく、「人口減少で日本の小売業全体が人手不足になる」という社会課題として捉えていたのです。
　そこで、無人決済システムを日本で一番人通りの多いJRの駅のプラットフォームで実現できれば、他の場所でもうまくいくと考えました。つまり、当初から「日本全国の店舗や売店を無人決済にしていく」というグランドデザインを描いていたのです。
　駅構内から始め、次に無人のオーダーシステム自体を販売し、現在はコンビニやガソリンスタンドにも拡大し、グランドデザインの実現に向けて着実な歩みを進めています。

　これらの事例は、最初からしっかりとグランドデザインを描いていたものばかりではなく、成功に至った結果論であるものが多いでしょう。お伝えしたいのは、結果論であっても、グランドデザインを描いた状態にはなっていた。つまりグランドデザインを議論し続けてきたからこそ、最適な手段を選ぶことができ、かつ最適ではない手段を講じてしまったときには即座に撤退することもできているということです。それを前提に、ここで挙げた事例を参考にしながら、自らの事業成長をどうやって実現するかを、しっかりと考え抜いてください。

第7章　ビジョン実現の成長戦略を描く

155

COLUMN

ピンキー誕生秘話
セルフブランディングで切り開いた道

　私が「ピンキー」と呼ばれるようになったのは、365日ピンクの服を着て、ピンクの小物ばかりを手にしているからです。このセルフブランディングは、スタートアップで広報を担当した際に始めたもので、いかにして注目されないスタートアップを記事にしてもらうか試行錯誤していた中で生まれました。

　あるイベントのSNSでの報告投稿の写真に映り込んだことがありました。写真のメインは他の人物で、私にピントは合っていませんでした。それでも、その写真を見た多くの人々から「最近広報をやっているのか？」と連絡が来ました。この出来事が私にとってのセルフブランディングとしての「ピンキー」が確立した瞬間であり、それ以降、平日だけでなく365日ピンクの服を着続け、小物もすべてピンクにすることに決めました。

　この取り組みにより認知が少しずつ広がり、「ピンキー」というあだ名が自然とつきました。次第に私自身もその名前で自己紹介をするようになり、セルフブランディングの一環として、この新しいアイデンティティを活用することになりました。ピンクの服を着続けることで、私の姿はどこにいても目立ち、人々の記憶に残りやすくなりました。コロナ前は渋谷を30分歩いていれば、必ず一度は遠くから「ピンキー！」と声をかけられるまでになりました。

　何かを始める際に、金やコネがあった方がいいに越したことはありません。しかし、それがなくても一歩を踏み出すことはできます。私の体験を踏まえると、その適した一歩目が「セルフブランディング」です。自分を知ってもらうための一歩を踏み出すことで、周囲に名前が広まり、やがて、自分の知らない人からも名前が出るようになり、これがチャンスを運んでくるのです。

（続）

公式化

FORMULATION

反復して商品を磨き続ける

~繰り返し使うことで商品を最適化する~

第 8 章

1 繰り返し使うことで商品を最適化する

8-1 商品を使ってもらいながら磨く

PRODUCT

MVP：雑草肉ハンバーガー試食会

以前のインタビューからコミュニティで関係性を続けていたエヴァンジェリストカスタマーに、試食会を実施。ユーザーがサービス体験で最小の価値を感じるか、MVP検証を行う。

MVPでユーザーテストを行い、評価と改善を行う

MVP実証の後、デプスインタビューを追加で行い、得られたインサイト（顧客の潜在的ニーズ）を言語化し、サービス内容に反映する。

エヴァンジェリストカスタマー試食、インタビュー

専門家試食、インタビュー

　アイデアの受容性が確実になり、会社として取り組むべき事業規模やグランドデザインも描け、社長や役員のゴーサインが出たら、ようやくアイデアを形にしていきます。
　これまでのリサーチを踏まえてプロダクトやサービスを形にし、実際に顧客に使ってもらいながら、提供価値を実際に体験してもらいながら、フィードバックを受け改善していきます。
　ハンバーガーショップの例では、試作品を作り、試食会を開くことが最初の一歩となります。影響力のあるターゲット顧客に、実際にハンバーガーの試作品を食べてもらい、率直な意見を聞きます。同時に、専門家にも試食してもらい、アドバイスをもらいます。
　デザイン思考におけるビジネスアイデアは、カスタマー（顧客）、プロブレム（問題）、ソリューション（解決法）、プロダクト（商品）という4つで構成されています。顧客がある問題を抱え、それを

解決するためにプロダクトやサービスを使用します。

　自分たちが立てた仮説が正しいという前提に立つのではなく、ここでも「顧客ニーズを確認しながら仕様を定める」という意識が重要になります。改めてチラシベースで仕様を作成し、==顧客へデプスインタビューを行い、「プロダクトやサービスが顧客の問題を解決する手段として適した形になっているかどうか」を確認しながら、仕様を決めていきます。==

　試作品の段階では、特に確証バイアスにとらわれやすくなります。ターゲット顧客にイエスと言われた部分を過大評価し、ノーと言われたことを過小評価する傾向が強く出てきます。あくまでもニュートラルな視点で顧客の意見を取り扱うことが大切です。

　試作品のタイミングで徹底して問題点を改善することは、リスクを最小限にした上で上市するために必要なことです。

第8章　反復して商品を磨き続ける

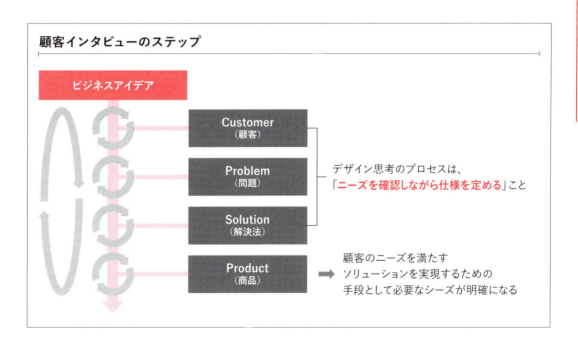

顧客インタビューのステップ

8-2 荒削りで良いからリリースする

仮説検証の手法例

プロダクト受容性：使ってみて満足してもらえるか

モンキーテスト ユーザーの利用を観察し、開発者の想像しない学びを得る	デザインモック	UIイメージをペーパー/デジタルで作成し、それをもとにユーザーインタビューする
	コンシェルジュ	製品を開発する前に人力で機能を提供し、製品、サービスに需要があるかを検証する
	プロトタイプ/デモ機	実際にサービスを開発し、実際に利用してもらうことで検証する

　第6章では、仮説検証の手法として「スモークテスト」と「ドライテスト」を紹介しました。スモークテストは、コンセプトの受容性を確認するための手法であり、ドライテストは購入意向を確認するための手法です。これらのテストによって、顧客のニーズや反応を初期段階で把握し、商品やサービスの方向性を調整することができます。

　ここでは、新たに「モンキーテスト」を実施します。モンキーテストとは、仕様や開発者の意図などを一切考慮せず、「何も知らない猿が操作をするようなテスト」のことを指すことからそう呼ばれています。ユーザーに事前説明を行わず、プロダクトを使ってもらうことで、使用満足度やユーザーエクスペリエンス（UX）が適切に実現されているか、また根本的な商品の不具合がないかを確認します。この手法の目的は、事前情報に左右されないユーザーの率直な意見を抽出し、開発者が想像できなかった新たな気づきを得ることにあります。

　モンキーテストの一つである「デザインモック」は、Webサイトなどのデザインを手書きやデジタルでラフに作成し、それをユーザーに見せながらインタビューする方法で、モンキーテストではこれが一般的な手法となります。デザインモックを通じて、ユーザーが直感的にどのような反応を示すか、どのような改善が求められているかを探ることができるのです。

　さらに「プロトタイプ／デモ機」といった手法もあり、これは実際のサービスをミニマムな形で開発し、ユーザーに利用してもらうことで、商品の受容性や機能性を確認します。

　これらの検証手法を行う際に知っておくべき重要な考え方が、**MVP（Minimum Viable Product）** です。MVPとは「**実証可能な最小限のプロダクト**」という意味です。最初から完璧な商品・サービスを目指して開発するのではなく、まずは最低限の状態で顧客課題にアプローチできるプロダクトやサービスを提供することから始めます。MVPの考え方を採用することで、リスクを最小限に抑

えながら市場に出すことができ、顧客からのフィードバックをもとに改善を重ねることで、最終的にはより完成度の高い商品やサービスに仕上げることができます。

MVPで意識しなければならないのは、ハンバーガーの検証をするのにバンズ、レタス、トマト、パテなどとそれぞれの部品のテストを行ってしまうこと。仮にそれぞれに満足していたとしても、それを組み合わせた時に満足するかどうかの検証にはなっていません。美味しいものをごちゃ混ぜに組み合わせたからといって、より美味しい料理はできませんよね。MVPは部品をバラバラにして行うのではなく「完成形のミニマム」であることが重要なのです。ハンバーガーの場合は「一口サイズのハンバーガー」となります。

モンキーテストやMVPを通じて得られる「インサイト」は、単なるデータ以上の価値があります。これらの手法により、スモークテストやドライテストだけでは見逃してしまうような深層的な顧客ニーズを引き出し、それをプロダクトやサービスのバージョンアップに活用します。

一方で、顧客のニーズを過剰に追求しすぎて、プロダクトやサービスが過剰スペックになってしまうことには気をつけなければなりません。適度なバランスを保ちながら、顧客のニーズに合致した製品を目指しましょう。

さらに「サンクコストバイアス」に引きずられないように注意が必要です。これは、既に費やしたリソース（予算や時間など）に固執してしまい、改善や撤退の判断が遅れるリスクを指します。このリスクを避けるためにも、常に顧客の反応を元にプロダクトを改善し続ける姿勢が重要です。

良いMVPと悪いMVP

一口サイズのハンバーガー
最終的に開発する製品に近しい素材で近しいものを作る

バラバラに検証する
最終的に使用する高品質の素材を素材ごとに確認する

2 新規事業の仮説検証

8-3 Fail Fast, Learn a Lot.

仮説検証の持つべき意識

Fail Fast, Learn a Lot.

仮説検証は、自らの仮説が「正しいか」を証明するのではなく、
「いかに間違っているか」を確認すること

1. 検証する価値にフォーカスする
2. 雑に素早く作る
3. 作りながら考える
4. 評価するのは顧客

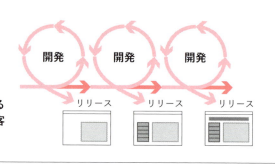

　新規事業の仮説検証を行う際には、「Fail Fast, Learn a Lot.」という言葉を心に刻んでおきましょう。これは「早く失敗し、その失敗から多くのことを学びなさい」という意味であり、イノベーションにおける重要な考え方です。

　この格言を忠実に実践し、大成功を収めたプロダクトがダイソンの掃除機です。「吸引力が変わらないことが一番の価値だ」という仮説に基づいて開発されたこのプロダクトは、創業者のジェームズ・ダイソンが初めての製品をリリースするまでに、実に5127台もの試作機を作り上げたことで知られています。つまり、彼は5126回の失敗を繰り返し、その過程で得た学びを積み重ねることで、最終的に革新的なプロダクトへと至ったのです。このようにして誕生したダイソンの掃除機は、「紙パックがいらない」という新たな価値を提供し、世界中で大ヒット商品となりました。

　ハンバーガーショップの例で考えてみましょう。まず試作品のハンバーガーを作り、顧客に食べ

てもらいながらフィードバックを集め、改善点を見つけ出します。重要なのは、最初から完璧な商品を作ることに時間をかけるのではなく、まずは実現しようとしている世界観に近いバンズやパテを使ってプロトタイプを作成し、実際に試してもらいながら仮説を検証することです。

ここでよく陥りがちな失敗は、試作品に対して顧客からの「美味しい」というポジティブな評価をそのまま信じてしまうことです。その評価が絶対的なものなのか、他の選択肢と比較しての相対的なものなのかが不明であり、さらに評価基準が人によって異なるため、そのまま信じてしまうと見誤る可能性があります。さらに、インタビュー時に顧客が気を遣って本音を話さないことも多々あります。

そのため、評価の精度を高めるためには、質問の仕方に工夫が必要です。例えば、「あなたが一番美味しいと思うハンバーガーと比較して、足りない点は何ですか？」といった具体的な質問を投げかけることで、改善すべきポイントを明確にできます。

仮説検証の目的は、自らの仮説が正しいことを証明することではありません。むしろ、自分の仮説が間違っている箇所を見つけることにあります。 試作品が完成すると、人は確証バイアスに陥りやすく、自分の作ったものを肯定するような証拠ばかりを集めがちです。このバイアスを避けるためには、常に自分の仮説に対して批判的な視点を持ち続けることが重要です。

また、ターゲット顧客に対してインタビューを行い、改善点が一切見つからなくなれば、それは彼ら彼女らがその製品を確実に購入するであろうことの証明となります。**ユーザーのネガティブな意見こそ、価値あるフィードバックとして受け止め、徹底的に改善を繰り返すことが、最終的にイノベーションの成功確率を引き上げることにつながります。** ネガティブな要素を取り除き、商品の完成度を高める過程こそが、イノベーションの本質であり、成功を収めるための鍵となるのです。

失敗を恐れず、むしろその失敗を活用して学び続けることで、イノベーションの道は切り拓かれていきます。成功は一朝一夕で成し遂げられるものではなく、数々の試行錯誤を積み重ねた結果として得られるものです。だからこそ、早く失敗し、そこから多くを学ぶ姿勢が重要であり、最終的にはその積み重ねが大きな成功へとつながるのです。

第8章 反復して商品を磨き続ける

8-4 エフェクチュエーションを意識する

エフェクチュエーション

　新規事業に挑む際に役立つ思考法として「エフェクチュエーション」があります。これは書籍『エフェクチュエーション　優れた起業家が実践する「5つの原則」』（吉田満梨・中村龍太著）で紹介されているもので、世界的に著名な経営学者が成功したスタートアップ経営者へのインタビューを通じて発見した、戦略や計画以上に重要で成功に直結する思考法です。この思考法は5つの行動原則に基づいて解説されています。

　まず、既存事業では「未来は予測可能である」という前提に立ち、計画を立案し、その計画を計画通りに実行するという「コーゼーション」のアプローチが主流です。これは因果的な思考プロセスであり、具体的な目標を設定し、その目標を達成するために必要な手順を計画的に進めていく方法です。このアプローチは、計画を忠実に実行することから「ウォーターフォール型」とも呼ばれます。ウォーターフォール型の名称は、川の水が上流から下流に流れるように、順序通りに着実に工程を進めていく様子を表しています。

　しかし、新規事業においては、「未来は不確実である」という前提に立つ必要があります。仮説が間違っている可能性が高く、同時に予期せぬ事態や不利益が生じるリスクも抱えながら進めなければなりません。新規事業の成功確率が低い段階では、リスクを最小限に抑えるため、限られたリソースで進めることが求められます。しかし、リスクを恐れて石橋を叩いてばかりいては、いつまで経っても新規事業は始められません。

そこで重要となるのが「エフェクチュエーション」という行動原理です。コーゼーションでは、「目的」を達成するために「自分は何をすべきか？（What should I do?）」と考えて行動します。一方で、エフェクチュエーションでは「自分は何ができるか？（What can I do?）」という観点から、自分が持っている「資源」を洗い出し、すぐにできる手段を見つけ出し、その手段を積み重ねて行動します。
　まず自分の持っている資源や能力、知識を最大限に活用し、計画にとらわれることなく、できることから始めるのです。例えば、事業に必要なパートナーシップを築くために、まずは自分の周りにいる信頼できる人々に声をかけ、協力を求めるといった行動を起こします。これによって、予測できないチャンスや、新たな発見が生まれることが多くあります。それを手繰り寄せて積み重ねていくのです。
　「エフェクチュエーション」は、完璧主義に陥らないことも強調しています。計画通りに物事を進めようとするあまり、行動を起こすのが遅れてしまうのは、新規事業においては致命的です。大切なのは、「まずはやってみる」という姿勢で、手元にあるリソースを活用し、実際に行動することで得られる「偶然の発見」や「予期せぬ成果」を積極的に活かし、生まれた課題を乗り越えるための新たなアイデアを掬い上げていくのです。

　エフェクチュエーションが、新規事業を成功するための鍵となるのは「まず行動する」ということに力点が置かれているからです。確証バイアスに囚われず、最初に立てた目標に固執しすぎず、柔軟で適応力のある思考法を駆使して、予測不能な未来に対しても積極的にアプローチし、イノベーションを生み出していきましょう。

8-5 テストマーケティングで注意すべきポイント

イノベーションの歩む道

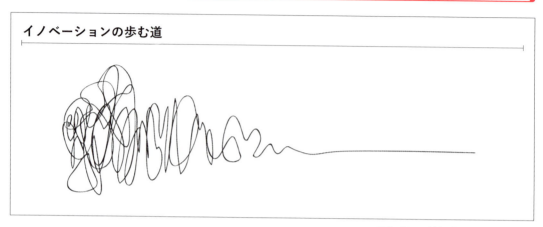

出典：https://thedesignsquiggle.com

テストマーケを実施し始めたタイミングで、陥りやすい間違いや注意すべきポイントがあります。

①コアコンセプトを動かさない

　ターゲット顧客には売れないのに、ターゲット以外の顧客に売れることはもちろん起こり得ます。このとき、安易にターゲット顧客を変更してはいけません。

　ターゲット顧客以外に売れたと喜んでいても、ターゲット顧客を引きつける。そもそも、コアコンセプトはターゲット顧客向けに作ったものであり、それ以外の顧客に売れたのはたまたまです。たまたま狙っていない層にも受け入れられただけです。もちろんそれはそれで顧客インタビューを実施し、受け入れられた理由は探るべきですが、安易にターゲット顧客を変更してはなりません。ここで仮説検証すべきなのは「ターゲット顧客に受け入れられるかどうか」であり、安易に結果を受け入れるのではなく、目的を見定めて分析を行うべきです。

　特に初期のフェーズでは、コアコンセプトを変更せずに、提供価値の伝え方を試行錯誤することが重要です。検証結果を踏まえて、ターゲット顧客に受け入れられるマーケティングメッセージが何かがわかるまで粘り強く取り組むのです。つまり「ターゲット顧客がイエスと言ってくれるメッセージは何か？」を追求していくことが大切なのです。またあわせて、1回買ってもらったターゲット顧客に、継続的に買ってもらう方法も検討することが重要です。

②思い込みの沼にハマらない

　テストマーケで開発したプロトタイプが正しいという前提に立ってはいけません。今後の方向性を見誤る可能性があります。「顧客を幸せにする」というゴールから逆算して、次の打ち手を考える姿勢は保ち続けるべきです。

　そもそも、ターゲット顧客を幸せにするために、その方法論としてイノベーションに取り組んでいます。ターゲット顧客に受け入れられないという結果が出たのであれば、ターゲット顧客以外が購入したかどうかはさておき、その結果を受け入れた上で、プロダクトの改善に取り組むことが先決です。

　くれぐれも、<u>現時点で「プロダクトが正しい」という思い込みの沼にハマらない</u>でください。新規事業開発においては、あくまでもビジョンやパーパスに対しては楽観的に描くことは必要ですが、同時に現実の分析結果は悲観的に向き合う姿勢が重要です。プロダクトは、あくまでビジョンやパーパスを実現するための手段でしかありません。

③諦めない・妥協しない

　ターゲット顧客に受け入れられないからといって、すぐに諦めて妥協することも禁物です。

　誰がターゲットなのかという顧客仮説の検証は、N＝1の発見によって示されています。テストマーケでは、プロダクト仮説の検証が求められています。一度ターゲット顧客に合致する商品が見つかれば、あとは広告宣伝費と人件費を投入すれば事業は自ずと成長していきます。

　そこに至るまでが一番苦しいものです。しかし、<u>ここは苦しくても踏ん張りどころです。設定したターゲット顧客と徹底的に向き合い、プロトタイプがターゲット顧客に刺さる状態をしっかり作り上げていきます。</u>

　もう数十年前ですが、某ハンバーガーチェーンが、社会トレンドの健康志向に合わせてサラダメニューを開発し、販売しました。しかし、このメニューはあまりヒットしませんでした。確かに顧客からサラダを求める要望はありましたが、ターゲット顧客の本音が求めているものではなかったのです。

　その後、そのハンバーガーチェーンがアメリカンサイズの大きなハンバーガーを発売したら、爆発的なヒットとなりました。ターゲット顧客が求めていたのは、ヘルシーなメニューではなく、高カロリーでボリュームのあるメニューだったのです。

　このように、ターゲット顧客が本当に求めているものが何かをプロトタイプによってしっかりと分析し、見定め、それに対してブレずに商品を作ることが大切です。ターゲット顧客以外に売れたことを安易に正解であると捉えてしまうと、事業の方向性を間違える可能性が高くなるので注意が必要です。

8-6 マネタイズポイントの設定

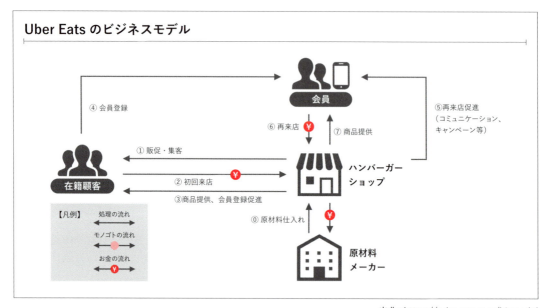

出典：https://raku-pre.com/bizmodel

　プロトタイプにより検証を踏まえ、ターゲット顧客への提供価値に需要があると実証できたら、次は改めて顧客体験を整理し、マネタイズポイントを明らかにしていきます。

　価値を提供するにあたってのオペレーションを明確にし、そこでかかる具体的なコストも明確にしながら、収益ポイントを探らなければ、売れることはわかったけどビジネスとして成立しないという結果になってしまう可能性があります。

　宅配事業として大きく飛躍を遂げたUber Eatsでは、自社でデリバリーを担えない多くの飲食店とギグワーカー（単発労働者）とのマッチングが、一番の提供価値となっています。このマッチングは、競合他社にはないビジネスモデルです。

　価値を提供する際に重要なのが、マネタイズポイントの設定です。Uber Eatsで言えば、配達料を顧客からもらい、それを配達パートナーへの支払いに充てています。そして、飲食店から受け取ったサービス利用料がUber Eatsの収益になっています。

　これまでのフェーズでは、ターゲット顧客に提供する価値に論点を置いていました。ここからは、ビジネスになるかどうかも同時に検討を進める必要があります。当然、実際に販売している状況で

はないため、完璧に整理できるものではありませんが、**想定されるオペレーションの流れを整理し、お金の流れを明確化することで、ビジネスとしての成立性をシミュレーション**します。

　ハンバーガーショップでは、コンセプトから、地球に優しい環境で食べる感覚を味わってもらえるような店舗の内装を作ることが顧客体験を形にするためには重要であると定義しています。この内装費のおかげで、通常のハンバーガーショップよりもコストが高くなることが見込まれています。当然その分、提供するハンバーガーの価格を上げる必要があります。この場合、ハンバーガーは500円では採算が合わず、1500円で売らなければならないかもしれません。

　このように、モノ／コトの流れ、顧客体験を具体化していくことで、「1500円でハンバーガーを食べてもらうための顧客体験とは何か？」という発想に辿り着き、そこでイノベーティブなアイデアを考えることができるのです。制約によってクリエイティビティを引き出します。

　例えば、「食べれば食べるほど地球に優しい」「通常のハンバーガーをこのハンバーガーに置き換えた結果、あなたはこれだけ自然環境に貢献しました」といった、ポイント数がスマホのアプリで表示されるなどの手法が考えられます。この場合、地球への貢献度が可視化されることで、顧客のエシカル体験が向上するイメージです。

　このように、**改めて顧客体験を整理し、「顧客はどのような体験に対して、いくら支払ってくれるのか」をデザインすることが重要**です。マネタイズポイントを明確にすることで、収益構造が成立しているかどうかを詳らかにするとともに、改めて競合優位性にも目を配ります。

COLUMN

ピンキー誕生秘話
セルフブランディングで切り開いた道

　セルフブランディングの力は、自分を他者に認識してもらうための手段として非常に強力です。特に新規事業やイノベーションに挑む際、誰もが持っていない個性や特徴を前面に出すことで、自分の存在を他者に知らしめ、注目を集めることができます。その結果、自然と人脈が広がり、自分の周りに賛同者や協力者が集まりやすくなるのです。

　もちろん、多少イロモノ扱いされたり、悪名を持つこともあります。それでも構いません。「ピンキー」なんて名乗っていると、「そんな人は信頼できない」「うちには相応しくない」と言って敬遠する人がいて、否が応でもそういう話は自分の耳に入ってきます。

　しかし、そもそも誰とでも付き合う必要はないのです。人は生きているだけで一定程度の人に嫌われるものです。だったら、深く好きになってくれる人を増やした方がいいのです。ピンクの服を着続けることで、私と合わない人は勝手に避けてくれます。そのおかげで、人生の無駄な時間を費やさずに済み、深い関係を築きたい人に集中することができています。

　また、セルフブランディングは、自分の強みを引き出し、他者に伝えるための有効な手段でもあります。ピンクの服を着続けるという選択は、私自身の個性を表現するための一つの手段であり、それが私のキャリアにおいて大きなプラスとなりました。今得たい認識を正しく得られるようなブランディングができれば、チャンスは間違いなく増えます。私にはピンクの服を着るという小さな選択肢が、大きな影響を与えたのです。

　有名な人も最初から有名だったわけではありません。最初は無名から始まり、何かしらの一歩を踏み出し、それを他人がしないくらい徹底的に継続したからこそ、今の地位に至ることができているのです。イノベーションに挑むならば、石橋を叩くことなく、何でもいいから一歩を踏み出すべきなのです。（続）

ACCELERATION
加速

反復して
ビジネスモデルを
磨き続ける

第 9 章

1 事業を本格的に
リリースするための準備

9-1 お金を払って満足してもらえるか

完成系に近いLPを作成

広告、ブランドのクリエイティブを作成

プロモーション施策を実施

　プロトタイプのテストマーケによって商品を磨きあげることができたら、次に商品の価格設定とプロモーション戦略を検証し、事業を本格的にリリースするための準備を完了させます。

　これまでは、お金を受け取らずにプロダクトを試してもらい、顧客からのフィードバックによって改善してきましたが、ここでは「お金を払ってでも満足してもらえるか」を検証していきます。

　価格設定はとても重要です。なぜなら、どんなにターゲット顧客の実在が証明され、テストマーケによって満足する結果が出ていたとしても、最後の最後に「この価格では売れない」という結果になれば、これまで進めてきた事業の検証がすべて無意味になり、ビジネスとして成立しない可能性があるからです。

再定義された要件からclosed βのプロダクト（雑草肉ハンバーガー）とサービス（銀座レストラン）を開発

設計したプロダクトを実際に開発する。
検証を踏まえた上で実際にお店を構え、ハンバーガーを提供してみる。大々的にリリースはせずに、顧客に来てもらいがてらチューニングを行う。※ただ実店舗の場合はこのプロセスを踏むかは要検討。

期間限定で雑草肉ハンバーガーを銀座で
スモールスタート

※ただこのプロセスを踏むかは要検討。

　インタビューで「いくらなら買いますか？」と質問することで価格を設定しようとする方も多いのですが、この質問は当てにならないことを数多くのケースで体感してきました。つまり、インタビューでは「エシカルなハンバーガーなら2000円で購入します」と答えていた人たちが、実際に商品を目にすると、「マクドナルドでは500円で買えるのに、ハンバーガーに2000円も払うのは……」と躊躇して買わない場合が起こり得るのです。

　顧客が商品を購買するかどうかを確かめるためには、仮説検証手法を実施しなければなりません。ここでは、代表的な方法である「A/Bテスト」と「オズの魔法使いテスト」を紹介します。
「A/Bテスト」とは、見た目や中身を少し変えた複数のパターンを作成し、利用者の多い方が顧客にフィットしていると判断し、採用する方法です。
　Airbnbではプロダクトをローンチした後、顧客の行動を分析したところ、掲載されている写真がしっかりしている方が予約されやすいことが判明しました。そこで創業者はプロのカメラマンを雇い、顧客が提供している部屋に直接出向いて撮影し、それをサイトに掲載する実験を行いました。同じ部屋でも違う写真を見せるとどれほど成果が異なるかの実証を行ったところ、宿泊予約数が2〜3倍に増えたという結果が出ました。
「オズの魔法使いテスト」とは、システムが完成していないタイミングで、あたかも完成しているかのように人が動き、実際のサービスに反映させる手法です。
　Amazonに買収された靴のECサイトであるZappos（ザッポス）は、この手法を使って初期仮説を検証し、事業化したスタートアップです。当時、「靴はECサイトでは売れない」と言われていま

したが、創業者は「返品を無料にすれば売れる」と仮説を立てました。そして、テストの段階では在庫を持たず、注文が入ったら仕入れて、自ら車で顧客のもとへと届け、直接フィードバックを得ることで仮説検証を繰り返し、事業化しました。

　実際に財布を開いてお金を支払うことは、顧客にとって最も大きなストレスとなります。このストレスを超えても購入したいと思われる商品であるかを検証するためには、顧客に擬似的ではなく実際にお財布を開いてもらった上で、その結果を分析することが求められます。

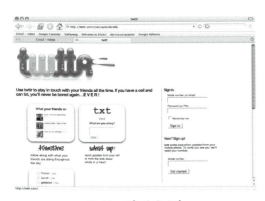

Twitter: プロトタイプ

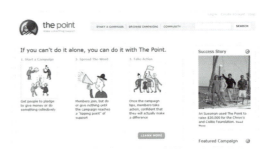

Groupon: オズの魔法使い

Zappos: オズの魔法使い

9-2 プライシング仮説の検証

プライシング仮説

顧客の
プライシング仮説

インタビュー結果に
基づいて設定

両者のバランスをとって
プライシング仮説を設定する → 同時に撤退基準が
設定される → MSPで
実証する

サービス提供者の
プライシング仮説

収益構造をもとに
利益が出るように設定

　プロトタイプの商品が売れず、顧客インタビューを繰り返した結果、価格設定が間違っている可能性に辿り着きました。ここでもまた、安易に価格設定を変更するのではなく、きちんと仮説設定を行い、検証を行いましょう。売れないからといって、これまでに仮説検証を繰り返したコンセプトを安易にずらしてはいけません。

　例えば、ハンバーガーショップの場合、「20代〜30代向けのエシカルなハンバーガー」というコアコンセプトを設定していました。しかし、売れないので価格を1000円に変更し、利益を出すために原材料を見直す必要に迫られ、量産品のバンズやパテに変更したら、「エシカルなハンバーガー」とはかけ離れてしまいます。当初とはまったく異なる事業となります。これはピボットではなく、初期仮説の変更となりますから、事業を進捗すべきではないという判断を下さざるを得なくなります。

　コンセプトという定数ではなく、変数を検証しましょう。価格も変数ではありますが、まずは価格以外を変えて顧客の反応が変わるかを測定します。つまり価格設定が間違っているのではなく、その価格が妥当である提供価値が出せていないのか、という可能性を先に検証すべきです。

　例えば、販売場所やサイトを高級感あるデザインにしたり、その金額が妥当であると感じさせる

高級食材を使用するなどです。もしくは、そもそものターゲット設定が間違っていた可能性もあるため、ターゲットを20代〜30代のエシカルな消費者から、年収や年齢の高い層に変更し、広告配信を行ってみるなどします。

　1つ1つを変えて検証した際に結果が同じであれば、それは変数ではなく定数と捉えます。そして、すべての変数を試しても売れないのであれば、「検証し尽くした」と判断します。

　プライシングは、顧客側からのアプローチでインタビュー結果や検証結果をもとに受容性がある価格設定を行うことと、収益構造をもとに取るべき価格を設定するという両面から行います。

　コンセプトを体現したプロダクトを開発するのに必要な収益構造は、コストを下げて価格を下げる、もしくは利益率を上げる努力は最大限すべきですが、一定程度定数として扱う必要があります。

　そのため、安易に価格を下げるのではなく、顧客への提供価値と価格のバランスについて、徹底的に検証を行うことが重要です。

「この価格では売れない」と判断するのは、上司や役員が検証を許容してくれる間は、検証すべき項目を徹底的に洗い出し、改善を繰り返しましょう。

　ただし、時間は有限ですので、手当たり次第に検証を行うことが適切なわけではありません。時間をかける前に、事業経験豊富なメンターに相談することをおすすめします。メンターは、何が定数で何が変数かを経験則で判断することができます。また、仮説検証を繰り返していると近視眼的になり、気づかないうちにコンセプトからズレたプロダクトになってしまっていることもあるため、外部から客観的な目線で指摘を受ける方が早く軌道修正できます。

　ビジネスは、例えるならジェンガが組み合っているようなものです。もし、ターゲットの年齢層を20代から40代に変えた場合、広告の文言やデザイン、ハンバーガーの脂っこさまでほぼすべてを組み直す必要があります。本書の内容通りに実行していたら、強度ある事業仮説になっているはずですが、何かを変更する際にはコンセプトを判断基準として事業全体のバランスを再度整える意識は忘れないでください。

2 仮説検証を実施する

9-3 仮説検証の手段を正しく選択する

PoC／MVP／MSPの方法を選ぶために考えるべきこと

目的	仮説	優先度の高い仮説
目的	何を学ぶか	検証する目的や理由
ゴール	どのように検証するか	検証する方法（複数案）
ゴール	必要なデータ・条件	評価するための判断基準
手段	何を作るのか	どのようなMVPにするか（複数案）
手段	MVPを作るのに必要なコスト	いくらかかるか
手段	実証に必要な期間	リミットとなる期限
手段	回避できる／発生するリスク	リスクをとるか、回避するか
結果	結果	仮説と比較してどうだったか
結果	得た学び	得られたインサイトと次の仮説

いずれの仮説の検証においても、手段を正しく判断するために考えるべきことがあります。

①仮説

検証するための仮説は正しく見据えなければなりません。ビジネスの中核となる主要指標となる優先度の高い仮説を設定します。「ドミノ戦略」の重要性を繰り返しお伝えしてきましたが、ビジネスモデルを構築するにあたって、新規事業においてはすべてを同時に実施することはできないため、優先順位をつけて取り組んでいく必要があります。

第9章　反復してビジネスモデルを磨き続ける

②何を学ぶか

　仮説において検証する目的や理由も明確にします。そして、プロジェクトチームでの認識を共有することにより、最適なMVPの開発に繋げることができます。

③どのように検証するか

　仮説を検証するために、どのような方法をとるのかできるだけ具体的にします。その際、必ず複数案を可能な限り網羅的に検討してください。その上で、①②をもとに最適な方法を選択します。

④必要なデータ・条件

　仮説検証を進める上で必要なデータや条件を設定します。事業領域が異なっていたとしても、同様の検証を進めた人たちは多くいて、ネット上には最適な数字が情報として落ちています。理想は競合となるプレイヤーの数値を拾うことです。これが適切に設定できていないと、評価する基準がなく、正確に評価できなくなります。

⑤何を作るのか

　上記の目的や条件をもとに、実際にどのようなMVPを作るのか考えます。これも複数案を可能な限り網羅的に検討します。先にMVPを作ってから「何を検証するか」を考えては、フェーズごとに検証すべき仮説からズレてしまいます。

⑥MVPを作るのに必要なコスト

　MVP開発のコストを算出します。外部委託、内部稼働ともにしっかり算出します。案に対してコストと得られる結果の費用対効果を考え、最も費用対効果の高い案を選択し、着手します。

⑦実証に必要な期間

　どれくらいの期間で実証を行うのか目安を設定します。結果が不調なのにダラダラと検証を続けても、良い結果が得られることはまずあり得ません。期間を区切ることでチームの生産性を上げましょう。

⑧回避できる／発生するリスク

　仮説検証の結果、発生するリスクがないか。また未然に回避することができないか。発生したときにどのように対処するかを考えます。特に多いのがセキュリティリスクやレピュテーションリスクです。そのリスクをとってでも検証すべきなのかどうかはしっかり確認しましょう。

9-4 仮説検証の手段の選択におけるアンチパターン

PoC/MVP/MSPのアンチパターン

何を検証したいか・何が価値なのかが定義しきれていない	「どんな学びを得たいのか」「どんなことを検証したいのか」が曖昧だと、「どんなものを作るべきなのか」が正しく定義されない。次のアクションへと繋がらなくなる。
「Minimum」でない	PoC/MVP/MSPは何よりも「Fail Fast, Learn a Lot」が重要。KBD（Key Business Driver）を見出す検証をするために本当に必要な機能に絞り込む必要がある。
適切な顧客ターゲットが設定されていない	得られた結果も顧客ターゲットが変われば異なる。「ターゲットの設定が悪いのか、検証方法が悪いのか」を検証しなければならない。
検証を阻害する質の悪さ	「Minimum」だからといって最低限実現できる質は担保しなければ、顧客はそちらが気になって検証結果が出なくなってしまう。
捨てるものという前提を忘れる	学んだ内容をもとに、次に新たなPoC/MVP/MSPを作る。作ったものに愛着を感じても、固執せず、正しくゴールを見据える。

これまで仮説検証の重要性を書きましたが、失敗する仮説検証も当然あります。ここでは、陥りがちな仮説検証のNG例を5つ紹介します。

①コンセプトがブレる

コアとなるコンセプトはブレてはいけません。エシカルなハンバーガーを売りたいのに、「売れないから2000円から1000円に値下げしよう」として、利益を出すためにバンズやパテを量産品に変更すると、すべてが崩れます。売ることがゴールではなく、顧客をビジョンに連れていくことがゴールなので、コンセプトをブレさせてはいけません。

②初めから大きく始めてしまう

「小さく始めて大きく育てる」という新規事業の原則から外れてはいけません。小さく始めることでターゲットに深く刺さる商品を開発でき、その利益を次の投資に回し、ターゲット層を広げていくという順番でこそ事業が育ちます。飲食店をやりたいからといって、ミニマムスタートに則らず、いきなり店舗を構えるのは大きなリスクが伴います。飲食店の検証であれば、最初の検証は試作品から始めるべきであり、そこから拡大したとして、既存のレストランに期間限定でメニューを置いてもらったり、ゴーストキッチンでUber Eats販売を行ったりすることがミニマムな手段となります。

③適切な顧客ターゲットが設定できていない

顧客ターゲットがブレることです。エシカルな20代であれば「エシカルなハンバーガーに価値を感じるだろう」と仮定したにもかかわらず、売ることをゴールにしてしまい、とにかく売るということに終始してしまうと、それはもはや仮説検証ではありません。事業撤退を判断せずに生き延びることを最優先にしてしまっているだけです。仮説検証を行う前に、正しく顧客ターゲットを見据えることが重要です。

④最低限の質をクリアしていない

最低限の質を担保していなければ、正しく仮説検証はできません。たとえテストであっても、ランディングページをエシカルな20代に響くデザインにしていなければ、広告効果を正しく検証できません。雑に作って素早く検証することが大事だといっても、素人が作ったダサいページであれば、コンセプトの検証以前に、そのダサさで敬遠されてしまい、正しく検証ができないからです。また、例えば20代向けにもかかわらず、20代の利用者が少ない新聞広告を選択するなど、プロモーション・チャネルの選択を誤ることもあり得ます。適切な顧客ターゲットの設定をしたら、そこに適した手段を選択しましょう。

⑤間違った仮説を捨てられない

執念を持って取り組むべきではありますが、執念を持つのはビジョンに対してで、仮説に対してではありません。自分たちが作った仮説に固執しすぎてはいけません。例えば、検証を重ねた結果、エシカルな20代に2000円のハンバーガーは高すぎたとします。そこで20代からは"戦略的撤退"をし、ターゲットを40代でエシカルな人たちにピボットします。このとき、20代のターゲットを完全に諦めるわけではありません。第7章で、将来的にはターゲット層を拡大する戦略が必要だとお伝えしましたが、ビジネスが大きくなった際には、20代を再び狙うということです。

カスタマー・サクセス、カスタマー・ハピネスを実現するのがイノベーションであるのだから、ビジョンに連れていきたい、幸せにしたい人たちをコンセプトで設定したにもかかわらず、ずらしてしまってはもちろん、元も子もありません。しかし**仮説検証の結果として、ファースト・ピンとしてのアーリー・アダプターに該当しなかっただけで、アーリー・マジョリティやレイト・マジョリティとして初期の顧客仮説を置き直し、ファースト・ピンに別のターゲットを設定するという変更に関しては、その認識を持った上でなら変更しても構いません。**

　今のコスト構造では2000円で販売せざるを得ないものの、多店舗展開・仕入れ単価の引き下げが実現できれば、1500円で商品を提供できるという可能性も十分にあります。諦めないことは大切ですが、根拠のないこだわりは失敗に繋がります。

　以上のような仮説検証のアンチパターンを避け、仮説検証を繰り返すことで、確実にプロダクトは改善されていきます。

9-5 プロモーション戦略を考える

次に、ここまでくると、一定程度事業の可能性が見えてきますので、さらに範囲を拡大して検証を行う方法を考えます。

広告のチャネルの選択や広告クリエイティブの完成形を作りましょう。
広告には、無数の選択肢があります。例えば、Web広告だけでも、SNS広告、リスティング広告、YouTubeの動画広告などです。その他にも、キー局のテレビCMや地方テレビ局のCM、新聞や折り込み広告、DM、屋外広告（OOH；Out of Home）など、数々の手法があります。**コンセプトを検証するために最適で、かつ顧客獲得の観点からコストパフォーマンスの高い効率的な手段を検討しましょう。**

その上で、広告効果を算出する方法を考えます。
例えば、新聞広告なら、「来店時に新聞広告に書いてあるキーワードを言えば100円オフになります」というキャンペーンを実施すれば、キーワードを言った人は新聞を見たとわかり、来店数が集計できます。また、新聞広告からのみアクセスできるキャンペーン用のランディングページ（LP）を作成し、アクセス数を集計する方法があれば、来店数の前段階での反応数も集計できます。

これにより、新聞の地域発行部数に対して、反応率、来店率が分析できます。また、同時に1人あたりの集客コストをCPA（Cost Per Acquisition）として算出します。

来店人数を集計するためにシステム開発をする必要はありません。テストの段階では、レジ横のメモを使ってアナログに集計するなど、低コストでできる方法で実施します。

1週間広告を出した後、2週間程度検証するのが目安です。そのサイクルで、改善しまた出稿し、改善しまた出稿するということを繰り返し行います。

1ヶ月間の検証の間にゴールデンウイークやお盆休みなどの長期休みがあると、その期間の数字が通常とは異なる可能性があります。どの時期に検証を行っているのかも考慮に入れて分析しましょう。

9-6 ユニットエコノミクスを検証する

ユニットエコノミクス

$$\text{Unit Economics} = \frac{\text{LTV}}{\text{CAC}} > 3$$

LTV（顧客生涯価値）

LTV = 顧客の年間取引額 × 収益率 × 顧客の継続年数
LTV = 顧客の平均購入単価 × 平均購入回数
LTV =（売上高 − 売上原価）÷ 購入者数

CAC（1顧客あたりの獲得コスト） Customer Acquisition Cost

CAC = 顧客の獲得にかかる費用の合計 ÷ 獲得した顧客数

　実際に買ってくれるかの検証と、集客についての検証が終われば、「ユニットエコノミクス」を分析することができます。

　ユニットエコノミクスは、1顧客あたりの獲得コストであるCAC（Customer Acquisition Cost）に対する顧客生涯価値LTV（Life Time Value）で算出します。

　LTVとは、1顧客あたりが最初の接触からトータルでもたらす売上のことです。本来は「生涯価値」なのですが、仮説検証の段階では「生涯価値」は検証できませんので、検証期間中のリピート率や複数回購入する期間などを考慮して、1年間の売上などで仮置きします。

　また、事業内容によって購入サイクルが異なりますので留意が必要です。例えば、家の修繕などの場合、5年や10年に1度の頻度になるでしょう。このとき、10年に1回は自社を必ず利用すると予測を立てて30年間のLTVを算出するのは間違いです。仮に10年に1回であれば、その次の10年後は新たにCACがかかるはずだからです。最初の購入から次の購入までの期間や頻度に応じてLTVの算出方法を変える必要がある点に注意してください。

　ユニットエコノミクスが3を超えていれば、事業が成立すると言われています。

　例えば、ある事業の3年間において、CACが5000円、1顧客が1万円の商品を5回購入する場合、ユニットエコノミクスは（10000 × 5）/5000 = 10 となります。

　ユニットエコノミクスは、事業が成立するかシミュレーションできるとても有用な指標です。

9-7 CACは「コンセプトへの共感度」、LTVは「顧客の満足度」を表す

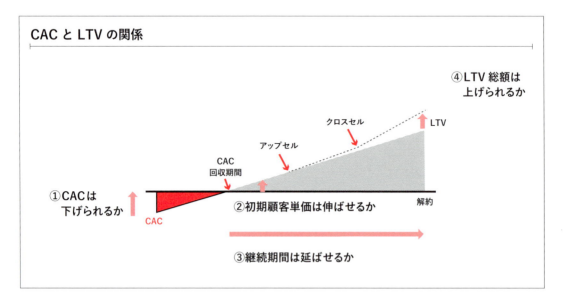

　ユニットエコノミクスは、事業の成立性を評価する上で非常に重要な指標です。これは、1つのユニット（商品やサービスの1つ）がどの程度の利益を生み出すかを測定し、それを基に事業全体の収益性を見極めるためのものです。ユニットエコノミクスが健全であれば、事業がスケールした際に、利益を生み出し続ける可能性が高いと言えます。逆に、初期段階でユニットエコノミクスが悪い場合、いくら規模を拡大しても利益が出にくくなります。事業の持続可能性を確保するためには、この指標をしっかりと把握し、最適化することが求められます。
　ここでは、ユニットエコノミクスを改善するための4つの具体的なポイントを紹介します。

①顧客獲得コストであるCACを抑える

　CACは、主に広告費用や営業コストなどがかかっています。例えば、広告媒体の選定や広告メッセージなどのクリエイティブの調整によって、成約率（CVR：Conversion Rate）が数パーセント変わることはよくあることです。たった数パーセントの改善でも、結果的にはCACに大きな影響を与えるため、コンセプトと設定した顧客仮説に基づいて、常に検証を繰り返し、最適化を図ることが重要です。

特にBtoBのサービスにおいては、営業担当者の商談率や受注率がCACに大きく関わります。どれだけ効率よく見込み顧客にアプローチし、商談に繋げるか、そしてどれだけの商談が成約に結びつくか。営業プロセスの最適化もユニットエコノミクスの改善に直結する要素です。

②最初に購入される商品の金額を引き上げる

顧客がコンセプトに共感し、商品の価値を感じていれば、多少高額な価格設定でも受け入れられることがあります。ディズニーランドが価格を引き上げても、訪れる人々が増え続けるのは、彼らが提供する「体験」に強く共感しているからです。**顧客がその価値を理解し、納得しているのであれば、価格を適正に引き上げることはむしろ事業の収益性を高める有効な手段**です。

価格設定の調整は、初期仮説に縛られずに柔軟に検討しましょう。ターゲット顧客のニーズや市場の状況に応じて価格を見直すことで、収益の向上に繋がる可能性はあります。もちろん、顧客に対して提供する価値と価格が乖離しないように、慎重に設定する必要がありますが、適切なタイミングでの価格改定は利益を拡大させる鍵となりえます。

③顧客が利用する期間を伸ばす

顧客が長期間にわたってリピーターとなることで、初期の顧客獲得コストを回収し、利益を最大化することが可能です。継続的にサービスや商品を利用する期間を伸ばしましょう。**リピート期間を増やすためには、定期的なコミュニケーションが重要**です。かつてはメルマガやダイレクトメール（DM）で顧客と接触することが主流でしたが、現在ではInstagramやLINEなどのSNSを活用したアプローチが有効です。定期的にInstagramで新商品情報を発信する、LINE公式アカウントで限定クーポンを配信するなど、顧客に忘れられないような仕組みを構築し顧客が継続的にサービスを利用し続ける動機付けをしましょう。

④LTVの総額を引き上げる

顧客ライフタイムバリュー（LTV）を引き上げるための施策として、アップセルやクロスセルの商品展開を追加しましょう。極端な話ですが、**コンセプトに強く共感し、現状のサービスに満足していれば、ただの水であっても売れる**のです。しかしコンセプトとブレる商品を追加で売ることが望ましいわけではありません。コンセプトと乖離した商品を無理に販売しては、エンゲージメントが下がり、ブランドが毀損します。コンセプトを判断基準として、ブランドのエンゲージメントを維持しつつ、追加で売上を上げる商品の投入を検討しましょう。クロスセルやアップセルの施策も無計画に進めるのではなく。しっかりとした仮説検証のプロセスを踏んだ上で、タイミングや方法を見極め、顧客に過度な負担をかけずに、自然な形でLTVを引き上げていくことを目指しましょう。

9-8 検証結果から事業計画を策定し、撤退基準を設定する

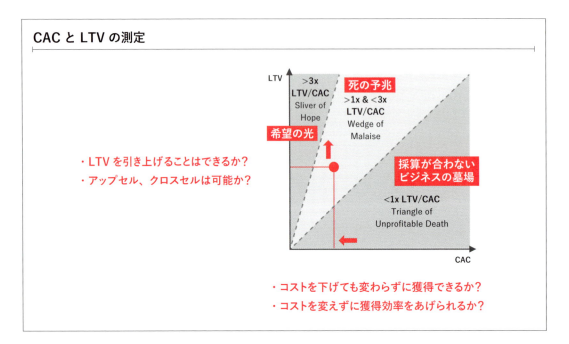

CAC（顧客獲得コスト）とLTV（顧客生涯価値）の数値が明確になると、事業の進退を正確に判断できる基準が明確になります。これにより、事業を続けるべきか、それとも一度再検証する必要があるのかを、感覚や直感に頼らず、数字をもとに冷静な判断を下すことができます。

まず、図を用いてLTVとCACの関係性を整理します。縦軸がLTV、横軸がCACとなるこの図では、左側のエリアがLTV/CACの比率が3を超える成功ゾーンです。このエリアに事業が位置すれば、現時点で順調に進行しており、長期的な成長も見込める状態であると判断できます。ここにプロットされることが成功の大きな目安となります。この領域にいる事業は、市場の反応が良好で、顧客のロイヤルティも高いため、さらに事業を拡大するための土台が整っていると言えます。

一方で、右側のエリア、つまりLTV/CACが1未満の範囲は、事業の黒字化が難しい危険ゾーンです。顧客獲得に必要なコストが高すぎる、あるいは顧客から得られる収益が期待したほどではなくCACを上回れない場合、この領域にプロットされます。ここでは、事業の継続が困難である可能性が高いため、事業の見直しや撤退を検討し、早めに手を打つことが必要です。

そして、中間に位置するエリアがLTV/CACが1以上3未満の領域です。この領域では、事業はまだ改善の余地を持ち、成長の可能性があります。このエリアにプロットされた事業は、追加の戦略や施策によって、さらなる成長を目指すことになります。例えば、マーケティング施策の見直しによって顧客獲得コストを抑え、商品ラインナップの拡充によってLTVを引き上げるなどといったことが考えられます。しかし、この領域では季節要因や市場動向、競合他社の影響を受けやすいため、データ分析や市場トレンドの把握が重要となります。

　このように、LTVとCACを用いて事業を撤退するラインや、継続するための指標を定量的に示すことで、上司や役員に対して合理的な説明が可能となります。単なる感覚や直感に頼るのではなく、明確な数字を基にした報告を行うことで、説得力のある提案をすることができ、承認を得やすくなります。例えば、ハンバーガー事業を展開し、1年間の予算を投入した結果、LTV/CACが1未満のエリアにプロットされた場合、黒字化の見込みが少ないことがわかります。このような場合、無理に事業を継続するよりも、"撤退"の選択肢を検討することが合理的です。LTVを大幅に増やすか、CACを劇的に減らすという対策は、現実的に非常に難しいため、撤退が賢明な判断となるでしょう。

　しかし、LTV/CACが1以上の中間領域にプロットされた場合は、まだ事業に改善の余地があると考えられます。さらなる検証や改善を行う根拠を示しましょう。たとえば、ドリンクやポテトなどのサイドメニューを追加することで、LTVを引き上げる可能性があるかもしれません。また、過去に行ったマーケティング施策を振り返り、効果が薄かった部分を見直すことで、CACの削減も検討できます。状況が芳しくなくても、改善点を具体的に示すことで、上司や役員から「もう1年検証を続けることで、LTV/CACが3を超えて事業が黒字化できる可能性がある」と提案すれば、さらなる理解とサポートが得られるでしょう。

　特に新規事業の初期段階では、計画時点から撤退基準を設定することが極めて重要です。これにより、事業が曖昧な状況で進行することなく、明確な基準に基づいて判断を下すことができます。撤退基準が曖昧であれば、判断が遅れたり、不要なリソースが浪費される可能性があります。逆に、明確な基準を持つことで、経営層や上司に対して事業の進行状況を正確に報告し、必要な意思決定を迅速に行うことができます。

　さらに、新規事業では、撤退の判断を適切に行うことが非常に重要です。撤退基準を持たないと、感情に流されて事業を続けてしまい、結果的に大きな損失を招くことがあるため、根拠を持った意思決定は不可欠なのです。

　次の段階では、プロダクトやサービスを本格的に市場にリリースするフェーズに移ります。事業を開始するにあたっては、撤退基準をあらかじめ決めておくことで、社長や役員とともに共通認識を持ち、全社的な応援やサポートを受けながら、確信を持ってスタートしていきましょう。

第9章　反復してビジネスモデルを磨き続ける

COLUMN

ピンキー誕生秘話
セルフブランディングで切り開いた道

Vol.3

　もし、あなたがイノベーションを起こす「テーマ領域」が決まっているのなら、それについてX（旧Twitter）でもブログでもInstagramでもTikTokでも、投稿し続けてみるといいでしょう。無知な状態から学び続ける過程を投稿するでも構いません。それを延々と続けていけば、やがてそのテーマに関する情報や人脈が自然と集まってくるでしょう。重要なのは、自分が一貫して続けられるものを見つけ、それを他者が気づくまで続けることです。

　私はただ「ピンク」を纏うことから始めました。誰にでもできる一歩ですが、私はそれを誰よりも徹底して続けました。そして、それに掛け合わせて様々な取り組みを試み、続けました。地道な努力を積み重ねた結果、「ピンキー」が出来上がったのです。もちろん、まだまだ道の途中ではありますが、大企業新規事業界隈では一定の知名度を得るに至りました。

　単なるファッション選択が、他者からの注目を集めるための手段となったのです。多くの人々に興味を持たれ、その結果として、さまざまな人々との出会いや共創の機会が生まれました。イノベーションにおいて、新しいアイデアやプロジェクトを成功させるためには、他者とのつながりが欠かせません。そのためにもセルフブランディングは有効な手段となるのです。

　一度始めたことを途中で投げ出すのではなく、他者が注目し、認識するまで続けることが重要です。これは、ビジネスでも同じことが言えます。たとえ小さな一歩であっても、それを継続することで、やがて大きな成果を生み出す可能性があります。何かを始めるのに、金やコネがなくても構いません。地道な努力を積み重ねる覚悟さえあれば、何にだってなれるし、何だって成し遂げられるのです。

　自分を信じ、地道な努力を続けることで、気付けば自分の目指すゴールに到達するための強力な武器が手に入るでしょう。（了）

ACCELERATION
加速

新しい産業を
創出する

第 10 章

1 事業の水平展開でビジネスが一気に飛躍する

10-1 事業を成長させるための「グロースハック」

銀座の店舗オープン。
本番ローンチで、いよいよ事業の始まり。

　成長性も証明でき、シミュレーションとしての事業計画によって売上規模とその実現性が明確になり、撤退基準をはっきりと示せば、晴れて上司の承認が得られます。「事業化」ができた状態になりました。

　事業化して取り組むのは「グロースハック」です。グロースハックとは、成長を意味する「growth」と、コンピューターのプログラムを操るという意味の「hack」を組み合わせた造語です。
　マーケティングは、商品・サービスが売れる仕組みを作ることです。それに対し、グロースハックは、商品・サービスが売れる仕組みに加えて、事業が成長する仕組みを作ることです。やはり、新規事業の成功には、事業を拡大させて収益を向上させる仕組みづくりが不可欠と言えます。

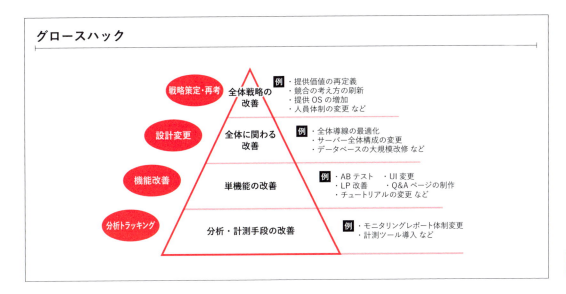

　グロースハックは、「マーケティング」「UI/UXデザイン」「エンジニアリング」の重なる領域に位置し、事業を持続的に成長させるための重要な手段です。事業を開始したといっても、単にスタートラインに立ったに過ぎません。ここから本格的にデータをもとに改善を重ね、成長できる事業にしていくことが求められます。

　例えば、ハンバーガーショップの場合、顧客が一度購入して終わりではビジネスは成立しません。重要なのは、顧客が商品やサービスに満足し、継続的に購入する、すなわちリピーターになってもらうことです。このように、**ビジネスを成長させるために必要な一連の改善プロセスを指すのが「グロースハック」**です。グロースハックは、以下の4つのレイヤーで行われます。

①分析・計測手段の改善

　まず初めに行うべきは、**顧客データの詳細な分析と、それに基づく行動の把握**です。店舗の認知経路やリピート購入率などを正確に測定できる仕組みを構築しましょう。たとえば、オンライン注文の場合、顧客がどの広告経由で店舗を知り、何回目の訪問で購入したのかを追跡することが可能です。このデータをもとに、最も効果的なマーケティングチャネルを特定し、リソースを集中投下することが可能になります。

　さらに、リピーターの行動を分析することで、どのタイミングでリピートするか、どのような施策がリピートを促進するかを見極めることができます。このように、データを活用して行動を分析

し、効果的な改善策を講じることで、事業の持続的成長が実現します。

リアルの事業の場合は、オンラインほど細かに数字が取れないことも多いですが、アナログな手段を駆使しても、可能な限り数値を取得し、分析することを心がけましょう。

②機能改善

次に、プロダクトそのものの機能を改善します。常に顧客の視点に立ち、提供する商品やサービスを進化させ続けます。

ハンバーガーショップの場合、顧客のフィードバックを反映させることで、商品そのものやメニューの改良を進めます。たとえば、パテの厚さを調整したり、新しいトッピングを追加したり、味付けのバリエーションを増やすことで、顧客満足度を向上させます。

また、Webサイトの使い勝手やデザインを改善することで、顧客がサイトに訪れた際、スムーズに情報を取得でき、簡単に注文できるようにすることで、顧客体験が向上しさせます。

顧客の期待を上回る体験を提供することで、「Wow」と感じる機会を創出できれば、リピーターを増やすことが可能となり、それがそのまま競争力の強化に繋がります。

③全体の設計変更

次に、事業全体のオペレーションやシステムの設計を見直し、事業のスムーズな運営を確保するために、全体的なプロセスの効率化を図り、顧客満足度の向上を目指します。システムが絡む事業であれば、サーバーの構成やデータベースのパフォーマンスを見直し、運用効率を高めることも重要です。

たとえば、ハンバーガーショップでランチタイムに行列ができ、顧客が長時間待たされると、それはマイナスの体験になります。このような場合効率的な受付システムを導入するなどして、顧客の待ち時間を短縮できれば、顧客満足度を高めることに繋がります。

④全体戦略の改善

最後に、事業全体の戦略を見直し、提供する価値やターゲット顧客の定義、競合とのポジショニングを再評価します。ときには、ハンバーガーのコンセプト自体を見直すことも求められるでしょう。ときには、新たな市場への展開や、メニューの拡充による新しい顧客層の獲得が考えられます。

事業が成長するためには、現状に甘んじることなく、常に今提供している商品・サービスが正解（最終形）ではないという前提に立ち、市場動向や顧客ニーズの変化を常にキャッチアップし、「次の一手」を考え続けることが不可欠です。

10-2 BML Loopという考え方

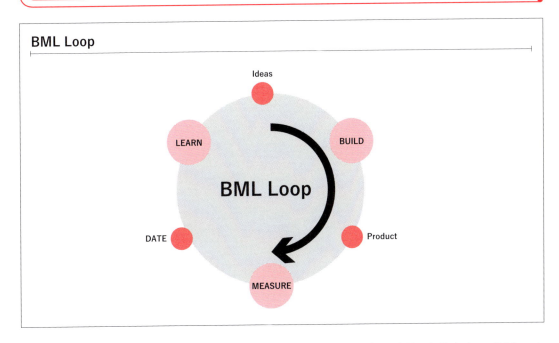

BML Loop

　グロースハックのフェーズでは、BML Loopという考え方が非常に重要になります。ビジネスの現場では一般的にPDCAサイクル（Plan→Do→Check→Act）がよく用いられますが、グロースハックにおいては、このPDCAサイクルでは十分に対応しきれない部分が出てくるため、BML Loopというアプローチを利用します。

　BMLとは、Build（構築）、Measure（計測）、Learn（学習）の頭文字をとったもので、仮説を基にプロダクトやサービスを開発し、その成果を計測し、得られたデータをもとに分析・学習します。そして、その分析から生まれた新たなアイデアや仮説に基づいて再びプロダクトを構築するというループを繰り返していくのがBML Loopです。事業を小さくスタートし、大きく育てるためには、このループを高速で回し、何度もループを重ね、常に製品やサービスを改善しながら磨き上げ、成長を目指していくのです。BML Loopは、これまで行ってきた仮説検証プロセスやMVP検証においても欠かせない概念です。

ここまで繰り返し検証を重ねてきたので、ターゲット顧客にニーズがあることに間違いはありません。しかし、それでも想定通りに事業が拡大しないこともあります。たとえば、ターゲット顧客として20代から30代を想定していたのに、実際には40代から50代がメイン顧客層だったというケースです。顧客層が異なれば、プロモーションの方法やメディア選定、価格帯、さらには商品やサービスの提供方法そのものに変更が必要です。ターゲットの年齢層が変わることで、購買力に大きな差が生じます。

　このような場合、大きなコンセプト自体を変える必要はありませんが、ターゲット層の変更を決断する必要があります。そして、顧客に対するアプローチを再構築します。例えば、プロモーションの手法や店舗やWebサイトのデザインをターゲット層に合わせて調整し、よりターゲットにフィットした内容にします。そして反応をさらに細かく検証するために、BML Loopのサイクルを回します。

　しかし、どれだけ試行錯誤を重ねても、想定した顧客数が集まらず、事業の成長が見込めない場合もあります。そのような場合は、過去の段階に立ち返り、コンセプトやターゲット設定の基本部分から再度検討する必要が出てきます。コンセプトやターゲットが根本的に誤っている場合、いくら改善を重ねても大きな成果は見込めません。こういった場合には、迅速に再検討を行い、正しい方向性を探ることが求められます。

　それでも顧客数の拡大が見込めない場合、最終的には事業撤退という選択肢が浮上することもあります。撤退の判断を下す際には、感情に流されることなく、冷静かつ客観的に事業の現状を評価し、撤退すべき時が来たら速やかに判断を下すことが肝要です。事業に熱意を注ぎすぎて、適切な撤退の判断が遅れてしまうと、貴重なリソースや資金が無駄に消耗され、組織全体に大きな影響を及ぼすこともあります。

　たとえ明確なニーズがN＝1で実証されていたとしても、それが必ずしも事業の成功を約束するわけではないことに留意は必要です。市場における競争環境や経済状況、ターゲット顧客の変化など、様々な要因が絡み合って事業の成否が決まります。そのため、常に現実を見据え、柔軟に対応する姿勢が必要です。ニーズが確実に存在していることが実証されたからこそ、どこまで事業を成長させることができるのかを見極めるために、BML Loopを駆使して、絶え間ない分析と学習と改善を繰り返すのです。

2 事業の構造を理解する

10-3 AARRRモデル

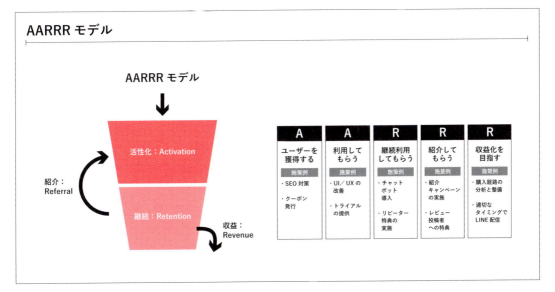

　第9章までは、コンセプトを単純化し、新規事業として成立する可能性があることを証明してきました。ここからは、ビジョンを実現するために、「成長性」という見込みではなく、しっかりと事業が成長することを証明していくことが求められます。

　事業の成長を検証する際に有効な考え方はAARRRモデルです。**AARRRモデルでは、グロースハックで説明した「全体の設計変更」をさらに分解し、事業の構造をより深く分析していきます。**顧客の購入プロセスを細かく分析しなければ、どの段階に問題があるかを把握できないからです。

A アクイジション（Acquisition）

　顧客を集めるために、プロモーション施策などを実施します。このとき、Web広告やチラシな

どの使用媒体の検討やクリエイティブの質、SEO対策などの適正度を測っていきます。コンセプトが適切に伝わるプロモーション施策の改善を繰り返しながら、最適なものに辿り着くことが重要です。

A アクティベーション（Activation）

UIデザインや機能を見直し、まずは1回使ってもらうことを促す施策を行います。初回割引・初回無料などのプロモーションを検討・検証します。

R リテンション（Retention）

初回利用ユーザーに継続利用してもらうことを狙います。リピーターを増やすために、店舗であればスタンプカードを作ったり、初回来店時にLINE登録をしてもらったりなどの施策を行い、継続的にコミュニケーションをとります。

R リファーラル（Referral）

顧客が顧客を呼んできてくれる状態を作ることです。顧客からの紹介が循環し始めると、広告宣伝費をかけなくても顧客が増加する流れができ、利益率が向上します。紹介キャンペーンなどの直接的な方法から、PR・広報を積極的に行い、紹介しやすくする間接的な方法も実施します。

R レベニュー（Revenue）

最終的にどうすれば収益化できるかを分析し、施策を打ちながら改善する段階です。ここでは、売上の増加だけではなく、利益を出すためのアクションを起こします。購入経路などを分析し、再来店を促していきます。顧客獲得コストを考えると、継続利用者を増やすことも大切ですが、購入頻度の向上も重要です。

このようにAARRRモデルの考え方を使って、事業全体の構造をプロセスごとに分析・改善することで、収益化を実現していきます。

10-4 ファネル分析

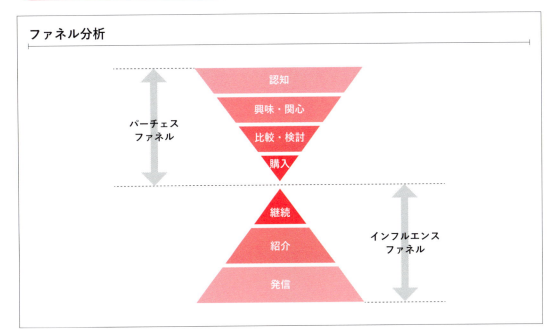

ファネル分析

　AARRRモデルを前提に、さらに詳細に分析する考え方として、ファネル分析があります。ファネル分析とは、ユーザーの購買行動プロセスをファネル（ろうと）に見立て、階層に分けて解析することで、脱落箇所（ボトルネック）を特定する分析手法です。ファネル分析を行うことで、改善すべきポイントが明確になります。

　ファネル分析は大きく分けてパーチェス（購入）ファネルとインフルエンス（波及）ファネルの2つがあります。パーチェスファネルでは、ターゲット顧客が商品を認知し、興味・関心を持ったら比較・検討を行い、購入するというプロセスを分解して検証していきます。
　ハンバーガーショップの場合、認知に当たるのが広告やSNSになります。興味・関心を持ってもらい、Webサイトへのアクセスを促します。ターゲット顧客の興味が強くなれば、実際にWebサイトで調べて来店を検討します。そして、検討の結果、購入意欲が強くなれば、来店・購入に至るわけです。
　そういったデータをしっかりと集めて分析します。例えばテレビCMの場合、投入量が多い割に、

Webサイトへのアクセス数が少ないのであれば、テレビCMの内容に問題があると判断できます。テレビCMを見た視聴者層が、ターゲット層と違っている可能性も考えられ、テレビCMの放映する時間帯やそれが流れる番組の視聴者数とのマッチングを分析します。

　Webサイトへのアクセスは順調に増えているのにもかかわらず、来店客が少ないのであれば、Webサイトのコンテンツに問題がある可能性があります。コンセプトの訴求の仕方が問題なのか、来店促進の施策が問題なのかを分析し、改善していきます。

　ECサイトでの商品販売であれば、認知から購入に至るまでのプロセスがデータとして把握しやすいでしょう。Webサイトへのアクセス数や、サイトの滞在時間、サイトの閲覧状況を表すヒートマップ、マウスの動き、カートに入れた後に購入に至った割合など、様々な数値を取るための分析ツールが豊富にあります。それを使ってしっかり分析し、どこで脱落したかを明確にしましょう。

　インフルエンスファネルでは、顧客が継続利用し、顧客を紹介してくれる段階を分析します。最終ゴールは顧客にクチコミなどを書いて世間に発信してもらうことです。クチコミや紹介だけで顧客が購入してくれるようになれば、広告宣伝費がかからないため、利益率が向上し、さらなる顧客体験の向上にコストを投下できるようになります。

　このように、**ファネル分析を使って離脱者の離脱ポイントを把握し、対策を講じるのです**。

10-5 コホート分析

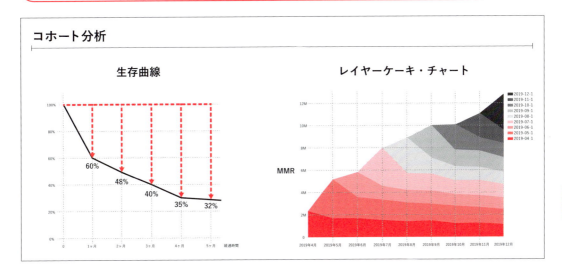

　顧客の獲得と継続利用を効果的に分析するための手法の一つが、コホート分析です。コホート分析とは、ユーザーを特定のグループに分け、長期的にその行動を追跡・分析する方法です。この分析を通じて、プロモーション施策やマーケティング戦略が実際にどのような効果になっているのかを正確に測定することができます。

　まず、この分析を実施する前提として、顧客に会員登録してもらうことが前提となります。顧客ごとの購入履歴や利用頻度などのデータを取得し、顧客ごとの購買パターンや傾向を把握することで、施策に対する効果測定を行ことができます。
　コホート分析の代表的な手法として、時系列に沿ったグループ分けがあります。例えば、1月に初来店した顧客を「Aグループ」、2月に初来店した顧客を「Bグループ」といったように、それぞれのグループを時期ごとに設定します。そして、それぞれのグループに対して施したプロモーションやマーケティング施策を「いつ、どのように」行ったかを記録し、それを照らし合わせて施策の効果を測定します。この方法により、特定の期間や施策がどのように顧客の行動に影響を与えたかが見えてきます。

時系列に沿ったグループによるコホート分析を通じて「購入継続率」や「離脱率」の変化を把握することができます。「生存曲線」で視覚化することで顧客がどの程度の期間、製品やサービスを利用し続けているのか、またどのタイミングで離脱しているのかがわかります。もし、離脱率を下げ、新規顧客が効果的にリピート顧客化していることができれば、生存曲線が右肩上がりになります。逆に、施策が不十分で、離脱率が高まれば、生存曲線は右肩下がりとなります。

　多くのビジネスモデル（商品やサービスの種類にかかわらず）では、顧客が初めて購入してから約3ヶ月目に離脱する傾向が共通していると言います。この3ヶ月目というタイミングは、顧客が一度購入した後に「飽き」や「興味の減退」が訪れる時期なのです。そこで、3ヶ月目にクーポンや特別なオファーを提供するなど、再来訪を促す施策を打つことが有効となります。

　売上がどのように積み上がっているかを視覚化した「レイヤーケーキ・チャート」は、リピーターがどのように売上を支えているのか、またその成長がどれだけ持続しているのかを明確に示します。顧客が継続的にリピートしてくれれば、売上は積み重なるように成長します。リピートが増えれば増えるほど、広告宣伝費の売上に対する比率が下がり、全体の利益率が向上し、事業成長として良い循環に入ったことがわかり、事業としての持続可能性が高まっていると判断できます。

　単に月ごとの売上の増減だけを追うだけでは、分析にはなりません。顧客動向を把握することはできません。顧客の購入履歴を時系列で追いながら分析を行うことで、顧客の購買行動や施策の効果がより明確に見えてきます。ここからの学びを活かし、常に顧客の動向を把握し、適切な施策をタイミングよく実行することで成長を加速させていきます。

3 ビジネスの機能をさらに強化し、規模を大きくする

10-6 社会貢献するためにスケールアップ・スケールアウトする

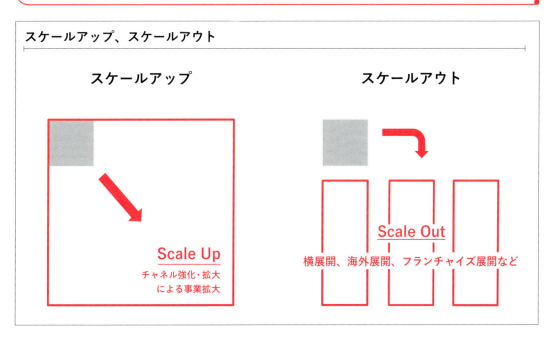

　事業が順調に進み、売上や利益が右肩上がりで成長していくと、いずれ「成熟期」に入ります。この段階では、今までの上昇基調が鈍化し、成長のスピードが落ちます。どんなビジネスにもこの「成熟期」は必ず訪れ、これまでの戦略だけでは成長の限界に達します。このままでは事業の拡大が難しくなるため、ここで「スケールアップ」と「スケールアウト」という二つの成長戦略をとることが必要となります。これらを適切なタイミングで実行することで、事業をさらに成長させ、次の段階へ進むことが可能になります。

　まず、スケールアップとは、現在の事業の機能やプロセスを強化し、その規模を大きくして収益を拡大する戦略です。例えば、飲食店であれば、店舗の面積を広げたり、より大きな施設に移転し

たり、スタッフを増員することで、より多くの顧客に対応できるようにすることが挙げられます。また、メニューの種類を増やしたり、営業時間を延長することもスケールアップの一環です。スケールアップは、既存のビジネスモデルをより効率的・効果的に運営し、売上を最大限化するために行います。

　しかし、スケールアップにも限界があります。一店舗での売上や収益が頭打ちになると、次に考慮すべき戦略がスケールアウトです。**スケールアウトとは、現在の成功しているビジネスモデルを横展開し、他の地域や市場に広げていくこと**です。例えば、ある地域で成功したハンバーガーショップを、別の地域に同じ規模で展開することがスケールアウトにあたります。これにより、複数の拠点で同じサービスを提供し、それぞれの市場で収益を上げることが可能になります。フランチャイズ展開や海外進出もスケールアウトの一環として考えられます。

　さらに、スケールアウトは、同じビジネスモデルを他の業態にも応用することができます。例えば、成功したハンバーガーショップのノウハウやブランド力を活かして、同じコンセプトの牛丼店を展開することが考えられます。こうした展開は、既存の顧客基盤やブランド認知を最大限に活用し、より多くの市場に進出する手段として非常に効果的です。また、顧客に新たな価値を提供することができるため、顧客のエンゲージメントが高まり、ブランドが強化され、それが競合優位性への強化へも繋がります。

　また、スケールアウトを行う際には、単に店舗や拠点を増やすだけでなく、社会的インパクトを考慮する戦略も考えます。小規模事業で成功したビジネスモデルを広く展開する場合、その影響力が拡大します。例えば、環境に配慮したエシカルなビジネスモデルを全国的に展開することで、消費者の意識改革や持続可能な社会への貢献が期待できます。これは単なる売上の拡大ではなく、企業が社会に与える影響を大きくすることができるため、企業のブランディングや社会的評価にもつながります。それを戦略に組み込んでいきます。

　スケールアウトを成功させることは容易ではありません。異なる地域や市場に進出する際には、その地に特有の消費者行動や競合状況に合わせてビジネスモデルを微調整する必要があります。特に、フランチャイズ展開や海外進出では、これまでにない課題に直面することが多くなり、それはそれで1つの新規事業に値するといっても過言ではありません。

　スケールアップとスケールアウトのどちらを選ぶか、または両方を組み合わせるかは、事業の特性や市場の状況によって異なります。いずれにしても重要なことは、常に成長を意識し続けることです。**事業が停滞したとしても、その中から新たにチャンスを見出し、停滞を成長の機会として前進し続けましょう。**

10-7 事業の収益性をさらに向上させるスケールメリット

　スケールメリットとは、事業規模が大きくなることで、商品やサービスの生産平均単価が下がり、利益が増えることです。規模が大きくなればなるほど、1つの商品やサービスにかかるコストが減り、その分利益は増加します。スケールアップやスケールアウトに成功すると、自然とスケールメリットが生まれます。事業規模が拡大することで、大量生産が可能になり、結果としてコストダウンが実現します。

　例えば、飲食店の場合、セントラルキッチンを導入することで、1箇所での大量調理が可能になり、各店舗での調理工程が簡略化されます。大手外食チェーンでよく見られるもので、これが実現できれば、あとは店舗をつくれば作るほど、一店舗あたりの利益率は高くなります。

　しかし、逆に言うと、スケールメリットが出せない事業は、無理に拡大するべきではないとも言えます。例えば、ハンバーガーショップで、パテを店舗で一から作るというコンセプトが提供価値として重要であるならば、セントラルキッチンを導入して大量調理をすることは、そのコンセプトに反することになります。この場合、スケールメリットを求めて拡大するのではなく、顧客に対して提供する価値を最優先に考えるべきです。

　もしスケールメリットが得られないまま、店舗数を増やしてしまえば、利益率が上がらず、逆にリスクが高まることになります。初期のコンセプトに固執せず、スケールメリットが得られるビジネスモデルへの改善も必要です。なぜなら、事業が拡大して利益が増えれば、その資金を顧客体験の向上に投資でき、結果的に顧客満足度を高め、カスタマー・サクセス、さらにはカスタマー・ハピネスの実現に繋げることもできるからです。

もちろん、初期のコンセプトを体現することは重要です。特にここまでついてきてくれた初期顧客を裏切ることはすべきではありません。しかし事業が成長し、ドミノ戦略が進むとともに、新たな顧客層も増えてきます。初期の顧客に固執することが事業の成長を妨げる場合、スケールアップ、スケールアウトを選択することも一つの判断です。たとえ一部の初期顧客が離れてしまうとしても、より多くの人々に価値を届けるために、時にはその決断を厭わない姿勢が求められます。

　重要なのは、こうした変更を進める際に、初期顧客とのコミュニケーションをしっかりと行うことです。なぜスケールアップを選択したのか、その理由をオープンに説明し、顧客に理解を求めます。初期顧客であればあるほど、自分たちは事業を成長させたチームの一員であると感じてくれている場合が多く、彼らに対して、誠実に理由を説明し、共感を得ることができれば、むしろ協力してくれるでしょう。
　しかし、もし理由を隠して事業拡大を進め、ただ利益を追求するかのような印象を与えてしまうと、初期顧客は「自分たちを捨てて、金儲けに走った」と感じるでしょう。これではせっかく築いた顧客のエンゲージメントが低下、ブランドへの信頼が毀損します。スケールアウトやスケールアップを決断する際には、必ず顧客との対話を大切にし、信頼関係を保ちながら進めていくことが重要です。事業の成長を目指す中で、顧客の声に耳を傾け、彼らがどのように感じ、どのような期待を抱いているのかを理解することは、事業の長期的な成功に欠かせない要素です。

　スケールアップやスケールアウトを通じて、ビジネスをより多くの人々に届けることができれば、事業はさらに飛躍するでしょう。一方で、事業の拡大は一見単純に見えるかもしれませんが、実際には多くの要素を考慮する必要があります。スケールメリットを最大限に活かしつつ、顧客の満足度を維持し、ビジネスの持続的な成長を実現するためには、細やかな戦略と慎重な判断が求められます。そしてその過程で顧客との信頼関係を築き続けることが、長期的な成功の鍵となっていきます。

10-8　グランドデザインの実現とプラットフォーム化

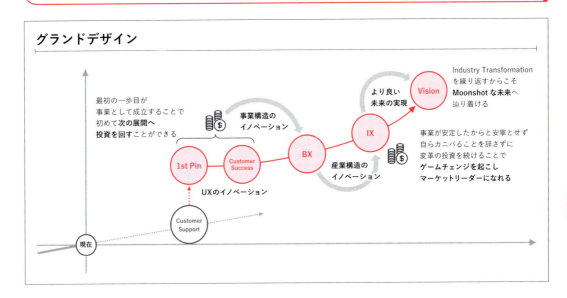

　新規事業を軌道に乗せ、ビジネスの拡大が実現したら、グランドデザインをもとに産業構造そのものを変革する段階に入ります。自社だけですべてのビジネスが成り立っている状態から、自社ビジネスを「プラットフォーム化」して他社とともに市場を成長させる構造の構築を目指します。

　これにより、新規事業立ち上げの段階から描いていた、より良い未来を実現することにどんどん近づいていきます。

　ハンバーガーショップの場合、まずリジェネラティブな商品を作れる生産体制を整えます。さらに、その商品を求めるユーザーが集まるプラットフォームを構築し、リジェネラティブな原材料を低コストで仕入れられる仕組みを作ります。

　すべての業種業態を自社で展開するのは初期投資がかさみます。しかし、プラットフォーム化し、他社と手を組めば、低リスクで産業を拡大していくことが可能です。

　この仕組みができれば、リジェネラティブなハンバーガー屋だけでなく、リジェネラティブな食材を使った焼肉屋や定食屋などの他業種展開が幅広く可能になります。

　ここで大切なのは、目的と手段を見誤らないことです。ハンバーガーショップの場合、あくまでもハンバーガーは顧客満足の一手段でしかありません。リジェネラティブな体験をより広義に考え、それらを揃えていくことで、提供できる価値は大きく広がっていくのです。

協賛企業がツールやコミュニケーションできる場を用意すれば、それぞれの活動状況を可視化することで形式知化を促進し、互いのコミュニケーションによってノウハウを共有することができ、提供価値を相乗的に高めていくことに繋がります。他社との協業でプラットフォームが強化されれば、顧客の体験価値が上がります。
　こうして形式知化したノウハウが溜まれば、今度は、飲食業だけでなく、洋服などの衣料品業界など、他の業界での強いノウハウを持つプレイヤーと協業することができます。

　このように、プラットフォーム化することがビジネスの大きな飛躍を生み、ビジョンを体現した世界の実現に繋がっていきます。
　このプラットフォームなしでは生活が成り立たないほど必要とされたら、ビジョンが実現された世界が目の前に広がっているでしょう。
　わかりやすい例が、iPhoneやAndroid、Amazon、Googleです。過去の生活が一変してしまうほどのインパクトがあり、今ではこれらなしでは生活できないという人も多いのではないでしょうか？

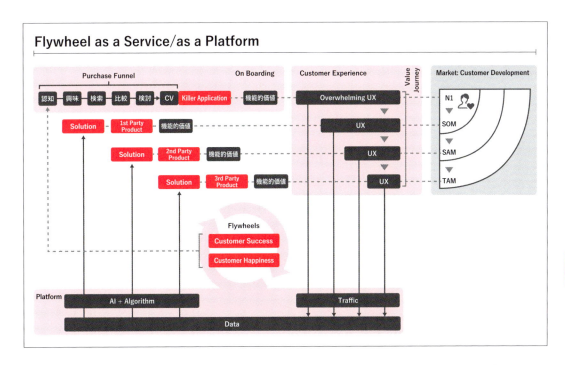

　プラットフォーム化をする際に非常に重要なのは、プラットフォームを目指すことは念頭に置くべきですが、最初からプラットフォームを作る活動をしないことです。プラットフォームはあくまでも顧客体験を高める手段です。価値ある顧客体験が最初の一歩目の事業として作れていないのに、プラットフォームだけを構築しても、まったく効果を発揮しません。

　プラットフォームは、グランドデザインを作った段階からの最終目標ですが、それまでに圧倒的な顧客体験が最初の一歩目の事業として実現できなければ、産業構造のイノベーションやより良い未来は実現できません。

　この点を勘違いして、プラットフォームなどの仕組みだけを先に作って失敗した例は数多くあります。だからこそ、本書ではグランドデザインでより良い未来像を描き、顧客体験を向上させることを重視して説明してきました。

　グランドデザインに基づき顧客体験と顧客満足を向上させ、事業を拡大していくことで、産業構造の変革をも成し得る事業へと成長させることができるのです。ぜひ、本書をフル活用しながら、新しいグランドデザインを描いてみてください。

おわりに

　本書では、大企業の新規事業を始め、育て、確立するまでの一連の流れに対して、再現性の高い思考法や実践法を体系化しました。特に、未来を見据えて何をすべきか考えることの重要性を伝えるために、これらを「グランドデザイン思考」と名づけました。

　新規事業を創るための方法論を記載している書籍が数多く出版されていますが、概念論のものも多く、実際に行動するときには何をすれば良いか迷いが生じてしまいます。本書は「思考」と銘打っていますが、実践的かつ具体的な方法を、新規事業創出におけるプロセスのすべてのステップにおいて紹介できたと自負しています。

　現代は未来が予測できない不確実性の時代です。インターネットそしてスマートフォンの登場によって、顧客行動が一気に変わることはみなさんも体験されていることでしょう。さらにはVR、生成AIなど、その普及によってまたガラリと社会が変わる予兆がすでに目の前に迫っています。

　業界自体が一瞬で消えてなくなってしまう自体も目にし、厳しい環境ではあることは確かですが、その変化の波にしっかりと乗ることができれば、イノベーションによって社会変革をリードする立場になれるチャンスがあるとも言えます。

　サーファーが陸で波待ちしても良い波には乗れず、沖に出て波待ちをしていることが必要なように、どんどんイノベーションに挑戦し、そこでの知見や経験を蓄積していくことが短期的には失敗をしたとしても、長期的な成功に結びついていきます。大企業が生き残るためにも、そして社会変革をリードするコーポレート・トランスフォーメーションを実現するためにも、どんどん挑戦をしていくことが求められます。

　多くの社内起業に関わっている方、これから関わる方、リードする立場にある中間管理層の方、戦略を示す経営層の方など、あらゆる立場の方に、暗闇でライトを照らすように、本書を

活用して迷うことなく前へ前へと進み続ける一助になれたら幸いです。そして、本書を読んで大きなイノベーションを起こした方々と実際にお会いできることを心より楽しみにしています。

　私はこれまで20以上の新規事業の創出に携わってきました。また外部からサポートする立場としては、もっと多くの新規事業の創出を見てきました。その中で、多くの人との出会いと共創・共動があり、実践経験とそれを学びへと昇華するリフレクションがあって、本書に記した事業創出のノウハウの形式知化に辿り着きました。すべての出会いを書き記すには限界がありますが、その一部の方々へ謝辞を述べさせてください。

　私がまだビジネスの一歩目も踏み出したことがないただのエンジニアだった若かりし頃、「ビジネスをやりたいなら、うちで修行をしろ」と拾ってくれ、鍛えてくれたアーキタイプの中嶋淳さん。その機会をいただけていなければ、本書を書くような経験をすることはなかったでしょう。袂は分かちましたが、勝手ながら今でも師と仰がせていただいています。

　グリーでは、当時取締役だった吉田大成さんに、数多くの新規事業への挑戦の機会を与えていただきました。厳しくも愛のあるフィードバックと対話を繰り返させていただいたおかげで、クリエイティビティとロジックをいかに両立して戦略を描くかについて、実践経験を積ませていただきました。

　大企業と関わる機会をいただいたのは、ゼロワンブースターの合田ジョージさんと濱地健史さんでした。スタートアップでの事業創出の経験は大企業の人たちの学びになるからとセミナー講師とメンターの役割を拝命いただきました。自分のキャリアの方向性に悩んでいた時期に、お二方との共動は、自分が好きで得意なことを明確にするきっかけとなりました。ちなみに濱地さんは「ピンキー」の名づけ親です。

　森永製菓の大橋啓祐さん、金丸美樹さんは、大企業との共創の機会を初めていただきました。スタートアップ村で長らく過ごしてきた私は「大企業病」という言葉を当時使ってしまっていました。しかし、大企業病なんて存在せず、既存事業と新規事業はそれぞれ役割がある中でそ

れぞれが努力することが企業の成長にとっては重要であると気づくきっかけを与えていただきました。大企業でイノベーションを起こすことにコミットしたいと考えるようになったのは、お二方との出会いがあったからこそです。

旭化成（当時）の山下昌哉さんとの出会いもその頃でした。スタートアップ村のスタートアップ至上主義者として思考が偏っていた私は、情報も視野も狭くなっていました。山下さんが起こした「電子コンパス」という社会変革に繋がったイノベーションについて、その裏側までお話を伺えたのは、自分の殻を破ることに繋がり、また日本の大企業の可能性についてワクワクするようになりました。

コロナ禍にclubhouseを起動したときにスタートアップのことを語るルームばかりだったことから「大企業新規事業を語ろう」というルームを立ち上げて、毎晩のように語り合っていました。そのルームを立ち上げるきっかけとなった起業家の川島健さん、Spiral Capitalの松本泰拓さん、それがきっかけで毎晩語りあい盛り上がり仲間となった東京ガスの望月紳さん、ライオン（当時）の藤村昌平さん、三井不動産の光村圭一郎さん、NECの篠崎裕介さん、電通の子会社GNUSの文分邦彦さん、トヨタ自動車の酒井美也子さん、安達友太朗さん、WeWork（当時）の足立佳丈さん、AGCの三宅徳顕さん、三菱電機の加藤直樹さん、ヤマハの加藤康之介さん、青山学院大学の中野勉教授、東京工業大学の齊藤滋規教授、他にも武藤義孝さん、小林大介さん、植村年宏さん、金子幸恵さん、片渕典史さん、高井大輔さん、伊能美和子さん、椿奈緒子さん、そしてそのルームに出入りしていただいたすべてのみなさん、楽しい会話の中で良い学びの機会となり、本当にありがとうございました。

その後、私が主宰する新規事業担当者のためのコミュニティ「IntraStar」へと繋がり、今でも毎月定期的にセミナーや交流会を開催させていただいています。本書を読んだ方も、ぜひご参加ください！

https://intrastar.jp

新規事業のマネジメントについて、いつも深いディスカッションをさせていただいている小

おわりに

野薬品工業の三戸仁さん、ハウス食品の藤井弾さん、トヨタ紡織の西尾未希さん、立教大学の田中聡准教授も、高い視座での新規事業の取り組みについて学びをいただきありがとうございます。

NECの篠崎裕介さん、大豊工業の堀越直さん、トヨタ自動車の森田泰毅さんには、書籍の校正をお手伝いいただきました。多角的にチェックいただいたおかげで、さらにより良い書籍に仕上げることができたと思います。

本書の制作のきっかけをいただいた長澤宏樹さん、潮凪洋介さん、編集を担当してくださったイースト・プレスの中野亮太さん、そして制作に関わっていただいたすべてのみなさんに感謝します。

そして何より共に日本の未来を創るために、大企業をイノベーティブにするために、そして大企業と共動で社会をより良くするために、日々奮闘努力を重ねているキュレーションズ代表取締役の根本隆之さん、取締役会長の住友滋さんをはじめ、キュレーションズのメンバーのみなさんも本書のために形式知化の作業にお付き合いいただきありがとうございました。何よりキュレーションズのメンバーの協力がなければ、本書を形にすることはできなかったです。

本書が日本経済復活の一助となってくれたら、著者としてこれ以上の嬉しいことはありません。最後まで読んでいただき、本当にありがとうございました。

今の自分になる最初のきっかけを与えてくれた最愛の亡き祖母 ふくゑと、愛情を持ってここまで育ててくれた母 智子、そして、大きな背中で生き様を教えてくれた尊敬する亡き父 正義にこの本を捧げます。

2024年7月　荒井 宏之

超・実践！
事業を創出・構築・加速させる
グランドデザイン大全

2024年10月16日　第1刷 発行

著　者	荒井 宏之 Hiroyuki "Pinky" Arai	
デザイン	原 真一朗（Isshiki）	
本文イラスト	むらまつしおり	
企画協力	潮凪洋介（HEARTLAND Inc.）、長澤宏樹、町田新吾	
図版素材	Adobe Stock	

発行人　永田和泉

発行所　株式会社イースト・プレス
〒101-0051　東京都千代田区神田神保町2-4-7　久月神田ビル
Tel.03-5213-4700
Fax.03-5213-4701
https://www.eastpress.co.jp

印刷所　中央精版印刷株式会社

ISBN 978-4-7816-2277-4
© Hiroyuki "Pinky" Arai 2024, Printed in Japan

本作品の情報は、2024年9月時点のものです。情報が変更している場合がございますのでご了承ください。
本書の内容の一部、あるいはすべてを無断で複写・複製・転載することは
著作権法上での例外を除き、禁じられています。